FACULTAD DE DERECHO

Teoría y Fuentes del Derecho

Boni et Aequi

Carlos Amunátegui Perelló

Teoría y Fuentes
del Derecho

Boni et Aequi

EDICIONES UNIVERSIDAD CATÓLICA DE CHILE
Vicerrectoría de Comunicaciones
Av. Libertador Bernardo O'Higgins 390, Santiago, Chile

editorialedicionesuc@uc.cl
www.ediciones.uc.cl

Teoría y Fuentes del Derecho
Boni et Aequi

Carlos Amunátegui Perelló

© Inscripción N° 267.803
Derechos reservados
Julio 2016
ISBN 978-956-14-1950-6

Diseño:
versión | producciones gráficas Ltda.

Impresor:
Salesianos Impresores S.A.

CIP - Pontificia Universidad Católica de Chile

Amunátegui Perelló, Carlos Felipe.
Teoría y fuentes del derecho : Boni et Aequi / Carlos Amunátegui Perelló.

Incluye notas bibliográficas.

1. Teoría del derecho.
2. Derecho – Fuentes.
I. t.

2016   340.1 + 23   RCAA2

Teoría y Fuentes del Derecho

Boni et Aequi

Carlos Amunátegui Perelló

EDICIONES UC

*Mamá, este es mi primer libro que no podrás leer.
Ojalá te sientas orgullosa de haberme enseñado qué es la justicia.*

ÍNDICE

INTRODUCCIÓN

Hace algunos meses me vi en la necesidad de hacerme cargo de un curso semestral de Teoría y Fuentes del Derecho, una materia algo lejana de mis habituales preocupaciones, pero que rápidamente terminó por atraparme en sus complejidades. Verdaderamente no me sentía preparado para impartir un curso así, por lo que me lancé de manera frenética sobre los diversos textos que había disponibles a fin de intentar hallar mi rumbo. El resultado fue una extraña sensación de insatisfacción, que intentaré explicar a lo largo de esta introducción.

Podemos decir que la mayor parte de los operadores jurídicos, esto es, los jueces, abogados, miembros de órganos estatales y ciudadanos que ven sus vidas afectadas por el derecho, lo utilizan sin tener una aproximación teórica al mismo. En este sentido, el derecho es como la prosa, que se usa sin definirla. No obstante, el rol principal que la teoría del derecho pretende jugar es dotar al estudioso de una aproximación teórica al mismo, como también de sus elementos fundamentales. No obstante, la mayor parte de quienes se han dedicado a esta rama de estudios suelen tratar los temas fundamentales del derecho de un modo abstracto, utilizando una metodología sincrónica que supone que las razones y conclusiones expuestas por ellos son válidas en todo tiempo, ámbito y lugar, dejando habitualmente cualquier supuesto que no se adapte a sus esquemas relegado a un área gris que suele denominarse derecho primitivo o algo por el estilo. Mi formación histórica y comparativa simplemente se resiste a este tipo de explicaciones. A la afirmación sobre el ser, el historiador pregunta la circunstancia, el cuándo o desde cuándo, mientras que el antropólogo y el comparatista quieren conocer el dónde. Las palabras del teórico suelen parecer convincentes porque reflejan el mundo en el cual está inserto, sin percatarse que el mar de circunstancias que lo rodea nubla su entendimiento hasta el punto de pasar por absoluto lo que no es más que un accidente en el enorme devenir de nuestra humanidad. Así, este es un libro que trata más que sobre el ser de las cosas, sobre sus circunstancias, con la modesta pretensión de saber no qué son los conceptos que pueblan nuestro derecho, sino desde cuándo y cómo es que llegamos a aplicarlos. Es un libro diacrónico, que navega por espacios temporales insondables a fin de llegar a algunas conclusiones modestas sobre la naturaleza de nuestro sistema jurídico.

El libro está orientado sobre dos partes fundamentales. En la primera de ellas, intenta simplemente analizar qué entendemos por derecho. Para esto se lanzará sobre los supuestos que guiaron a la Escuela Clásica a construir las bases fundamentales de lo que ha sido la teoría del derecho. Entendemos por Escuela Clásica al positivismo científico de la segunda mitad del siglo XIX y la primera del XX, representado fundamentalmente por Austin, Kelsen y Hart. El objetivo de esta sección es simplemente intentar llegar a una idea provisional de qué entendemos –o hemos entendido– por derecho, analizando el origen del concepto, los usos que ha recibido tradicionalmente y comparando dichas circunstancias con los planteamientos teóricos clásicos sobre el mismo. Nuestras conclusiones nos permitirán avanzar sobre la segunda parte del tema de este libro, esto es, el sistema de fuentes que son capaces de generar enunciados pertenecientes al derecho y su concepción histórica.

En la elaboración del presente texto hemos intentado limitar al máximo la cantidad de citas a fin de facilitar su lectura y comprensión. Creemos haber incluido solamente las indispensables, que permitan al lector profundizar en los temas que necesite, sin llegar a agotar la materia.

Esperamos que al terminar este libro el hipotético lector lo cierre con la mente nublada de dudas, puesto que según nuestra experiencia los buenos textos no son aquellos que responden, sino aquellos que interrogan.

Capítulo primero:
El Derecho

I. INTRODUCCIÓN

Podemos encontrar, con solo repasar someramente la doctrina, un alto número de definiciones de Derecho. Son tantas que Hart, haciendo una analogía con la idea del tiempo de San Agustín, señala que es una de esas cosas que conoce cuando no piensa en ellas, pero que apenas piensa ya no sabe qué son. En verdad, el estudio del derecho se suele iniciar con una pléyade de estas que, afortunadamente, se olvidan rápidamente y sirven de poco.

En materia de definiciones, existen varios tipos diferentes, que se suelen emplear a la hora de postular un concepto y hacerlo útil al estudio. Siguiendo a Rusell[1], tenemos en primer término, las definiciones ostensivas. Estas son definiciones no verbales en que más que intentar dar un concepto de algo, simplemente se lo muestra o señala a fin de clarificar a qué objeto se refiere. Así, una definición ostensiva de ser humano mostraría una imagen de un hombre. Otro tipo de definiciones son las verbales, en que una entidad intenta reducirse a un concepto. Entre estas, encontramos definiciones extensivas, que intentan definir un ser otorgándole atributos; y están las definiciones intensivas o analíticas, que intentan descomponer a la entidad definida a fin de entregar una característica fundamental que lo delimita de entre otros seres. Entre las primeras, encontramos definiciones del tipo: "un elefante es un mamífero de cuatro patas y trompa". En general, estas definiciones son bastante limitadas y rara vez logran abarcar todo el ámbito de contenidos de un concepto. Así, Diógenes Laercio cuenta de una disputa entre Platón y Diógenes el Cínico,

---

[1]   Rusell (1992: 76-84).

en la cual ambos trataban de definir al hombre. Finalmente, Platón llega a la conclusión de que un hombre es un animal bípedo y sin plumas. Diógenes despluma una gallina y le dice: "¡he ahí tu hombre!".

Las definiciones analíticas son mucho más perfectas, en cuanto que delimitan la entidad definida a través de una o dos características centrales. En este sentido, definiciones del tipo: "el triángulo es una figura de tres lados cuyos ángulos suman 180 grados", logran fabricar un concepto perfectamente delimitado. No obstante, este tipo de definiciones son todas tautológicas y demandan, en buena medida, una petición de principio. En efecto, este tipo de definiciones son solo aptas para entidades creadas por la razón y cuya consistencia es intelectual, puesto que en ellas se puede predicar una diferencia específica del tipo que excluya a todas las demás.

Intentar definir al derecho es complejo, puesto que supone que este es un ente creado por la razón, análogo, en alguna medida, a las tautologías matemáticas, lo cual es *ad demonstrandum*. Nosotros, más que definir el derecho, intentaremos explicarlo de una manera histórica, esto es, diacrónica, a fin de intentar esclarecer su función. Una vez establecida su función, podremos intentar postular una definición, que, por supuesto, no puede pretender la exactitud epistemológica de las tautologías matemáticas. En pocas palabras, puesto que el derecho es una entidad que hace algo, intentaremos determinar sus efectos, y a través de estos, postularemos una definición.

II. EL CONCEPTO DE DERECHO

A pesar de la aparente familiaridad de la palabra derecho, esta se refiere a una realidad que se genera históricamente. No todas las culturas tienen o han tenido un concepto que sea apto para describir este fenómeno, tal vez porque no todas las civilizaciones se han servido de él a la manera que nosotros lo hacemos. Conocido es el caso de Japón, donde Tsuda Masamichi debió elaborar toda una suerte de vocabulario para intentar traducir la idea de derecho al japonés[2], cosa que logró solo parcialmente. En efecto, hicieron falta décadas de enseñanza de derecho romano a través de catedráticos occidentales a fin de lograr asentar la idea de derecho dentro del vocabulario japonés. Un ejemplo menos exótico lo constituye la Hélade, donde no encontramos ningún término en el griego clásico que sea capaz de traducir la noción latina de *ius*. Es cierto que en las Basílicas se traduce *ius* por *nomos* (Bas. L. II, tit.1), pero este parece ser más bien un neologismo y escasamente se encuentra un paralelo en la literatura clásica. De hecho, *nomos* puede bien ser ley[3] o referirse a las costumbres[4] o abarcarlas a ambas[5]. La idea de derecho parece ser un concepto históricamente demarcado, que surge en el contexto cultural romano y que se ha transmitido a Occidente producto de la difusión cultural.

---

2   Frank (2005) pp. 170-171.

3   Así, Cicerón traduce *nomos physeos* por *lex naturalis.*

4   Corp. Hip. *De aere aquis et locis, cap.14.*

5   Así, en Antígona, se habla de *nomos* por orden del rey Creonte y de *nomos agrafos* por costumbre.

Aparentemente, el término derecho es de origen medieval. En efecto, parece provenir de la contracción de la expresión latina *"de rectum"*, expresando la idea de encontrarse recto el fiel de la balanza (lo que permite pesar). En efecto, entre los autores clásicos, la voz *derectum* es utilizada para expresar que algo está liso o sin hondas[6]. La voz que los romanos utilizaban para referirse a lo que nosotros llamamos derecho es *ius*, de donde proviene una larga lista de palabras relacionadas con el derecho (justicia, jurisdicción, juicio, etc.).

La voz *ius* proviene del indoeuropeo **ieuos*, que apunta la pureza y juramento[7]. Sus primeros usos lingüísticos registrados se relacionan con el vaso de Duenos y con la Ley de las XII Tablas. En el primero, una vasija ceremonial del siglo VI a.C., aparece utilizado el término *iovesat* en el sentido de jurar o prometer. En la Ley de las XII Tablas, en cambio, su uso es el de un adjetivo verbal que califica la conducta del verbo como *"ius"*. Así, por ejemplo, *"uti lingua nuncupassit, ita ius esto"* ("como estableciste con la lengua, así sea derecho"), en la famosa tabla sexta. No obstante estos usos aislados que parecen remitirnos a la cultura de la oralidad primaria de la Roma primitiva[8], con la llegada de la cultura escrita a Roma y el primer florecimiento de la literatura latina, podemos detectar nuevos usos de la voz *ius*, fundamentalmente referidos a un cuerpo de normas que rigen una materia, a los ciudadanos o a los extranjeros. Así, comienza a hablarse de *ius civile, ius gentium* en el sentido de las disposiciones que rigen a los ciudadanos (de ahí civil o de la ciudad) o a los extranjeros, y a sus relaciones entre sí. Este uso, que se corresponde con el moderno sentido objetivo del derecho, permanecerá en la cultura occidental hasta nuestros días.

Junto con la idea de *ius* como conjunto de normas, también existe un conjunto de casos en que se utiliza la voz *ius* para denotar la posición en que las normas dejan al sujeto dentro del juego social[9]. Así, respecto a este uso el jurista Marciano nos señala en el Digesto que "alguna vez, por la necesidad, decimos por ejemplo que 'es mi derecho de cognación o de afinidad'" (D.1.1.12 *Nonnumquam ius etiam pro necessitudine dicimus veluti "est mihi ius*

---

6   Iul.Caes Gal. 6.26.1.2 y Civ. 2.24.3.2; Cic. Q.Rosc.1.11.

7   Vid Pokorny (1953), 513.

8   Vid Castresana (2007).

9   Así, por ejemplo, Gayo usa expresiones como: *in ea re* **ius** *habeant; perdiderit* **ius** *suum; dondandi* **ius**; *novandae obligationis* **ius**; *testamenti faciendi* **ius**; *necesse est* **ius** *suum ad actorem transferre; et ita* **ius** *habet,* entre muchas otras.

cognationis vel adfinitatis"), es decir, que en ocasiones utilizamos la palabra *ius* para expresar la necesidad en que el *ius* (Derecho) en su sentido objetivo pone a un sujeto. Este uso tiene relación con el sentido subjetivo de la palabra derecho, aunque la teoría del derecho subjetivo sea propia del desarrollo intelectual del siglo XVI.

La conexión entre ambas formas de la voz *ius* es importante. Por un lado está el *ius* objetivo, que entrega normas generalmente aplicables en una sociedad, y por otro el *ius* subjetivo, que es el resultado de la aplicación de esas normas a un sujeto concreto. Así, por ejemplo, el *ius* (objetivo) dice que el comprador debe pagar el precio de la cosa comprada y, por tanto, si A ha comprado algo a B, B tiene el *ius* (subjetivo) para que se le pague el precio. En pocas palabras, la norma entrega un orden social y dentro de este orden social los deberes creados por la norma son *ius*, sea indeterminadamente para todos, sea para el beneficiario de los mismos.

Al mismo tiempo, la voz *ius* tiene el sentido de lugar donde se administra justicia. La silla curul del pretor se denominaba *ius* y el acto de ser llamado a juicio era conocido como *in ius vocatio*. En este sentido, *ius* llega a ser también el resultado de la aplicación del procedimiento jurisdiccional.

En Roma, en este sentido, encontramos tres acepciones principales para la voz *ius*, que será traducida en el futuro por derecho: *ius* como conjunto de normas, en su sentido objetivo; *ius* como atribución del sujeto que exige el respeto por la posición otorgada por el ordenamiento, en su sentido subjetivo; y *ius* como resultado de la acción, lo que dicen los jueces, en un sentido cercano al hoy expuesto por la sociología del derecho. Todas estas acepciones se mantendrán en los siglos posteriores y darán lugar a complejas discusiones filosóficas, tal vez porque, en su génesis, la palabra ya las contenía.

Por regla general, podemos decir que los romanos son más bien reacios a otorgar definiciones de los conceptos que utilizan. En efecto, pocas veces se encuentra alguna definición entre sus escritos. El viejo aforismo de *omnis definitio in iure civile periculosa est* (Iavolenus, D.50.17.202), "toda definición en derecho civil es peligrosa", parece ser no una expresión individual de aversión por las mismas, sino más bien la manifestación del *ethos* de un cuerpo de juristas alejados de las expresiones netamente teóricas. En verdad, el jurista romano trabaja desde el caso para –eventualmente, y luego de varias generaciones– intentar construir una regla que se aplique a la generalidad de las situaciones que presentan suficientes similitudes con dichos casos primarios. La construcción de definiciones y la expresión de principios es un paso final que los juristas romanos tienden a evitar, en un proceso inverso al camino tomado mil años más tarde por la escuela iusracionalista.

No obstante estas aversiones, el *Corpus Iuris* sí que nos ha legado una pequeña definición sobre qué es el derecho. Celso, tal vez el único jurista dado a definir, nos dice que *ius est ars boni et aequi* (Ulpianus, D.1.1.1.pr.: "el derecho es el arte de lo bueno y lo igual"). Esta definición para nosotros tiene valor histórico antes que conceptual y nos permitirá observar las funciones que el *ius* mantiene, desde el punto de vista de los juristas, en la sociedad romana a la hora de fraguarse el concepto.

Llaman la atención múltiples cuestiones de la misma. En primer término, califica al derecho como un arte. Está la palabra *ars* que tiene un valor epistemológico muy sugerente para el conjunto de juristas del siglo II. Significa arte, en cuanto a proceso creativo. Así, la pintura, la arquitectura y la poesía son artes, en el sentido que son medios para crear nuevas realidades. Desde este punto de vista, equivalen a la técnica, y el griego *techné* es traducido por arte al latín en numerosas ocasiones. Así, Cicerón nos dice que había contemplado la posibilidad de reducir el *ius* a un arte[10], entendiendo por tal la reducción del conjunto de usos y fórmulas jurídicas a un grupo ordenado, de conformidad a las reglas de la lógica. Esto último, sería en el caso ciceroniano, el arte. El arte en Roma es un ámbito mucho más reglado que en el mundo moderno. No existe entre ellos un arte libre y el *dictum* de *ars gratia artis* (arte por la gracia del arte) es un neologismo del siglo XIX. La creatividad clásica se somete a la observancia de determinadas reglas y proporciones que otorga a la entidad creada su calidad. La *ars poetica* de Aristóteles se preocupa de estas reglas en la dramaturgia, y la jurisprudencia del siglo I a.C. lo hace respecto al derecho.

En pocas palabras, al decir que el derecho es un arte, se señala que es un instrumento creativo que ha de seguir las reglas de la lógica, que serían el fundamento de su método (*lex artis*). Es un método de alteración de la realidad que consta de reglas, las cuales pueden ser estudiadas por los juristas a través de la ciencia del derecho para crear nuevo derecho[11]. El derecho es

---

10   De orat, 1.185-190, aunque usualmente se habla de *ius in artem redigere*, lo cual no es más que una adaptación de sus palabras literales.

11   Dice Cicerón: Aquella ciencia, que antes no fuese un arte, puede convertirse en un arte. *illam scientiam, ut ex eis rebus, quarum ars nondum sit, artem efficere possit.* De orat, 1.186.

una técnica instrumental reglada, de acuerdo a la definición de Celso, y tiene dos objetos a la vista para su creación: lo bueno y lo igual.

Lo bueno y lo igual parecen ser referencias a dos tipos de justicia identificadas por Aristóteles, esto es, la justicia conmutativa, que opera en las relaciones entre iguales, y la distributiva, que opera desde en las relaciones entre la comunidad y sus mandos. *Equitas* asume como función conmutativa de la justicia, mientras que *bonus* apuntaría a la distribución.

Así, la definición celsina sindica al derecho como un instrumento creativo, reglado, que intenta generar dos dimensiones de la justicia: la pública, relacionada con la justicia distributiva, y la privada, dependiente de la justicia distributiva. El derecho, en este sentido, pretendería modificar la realidad creando hechos nuevos que no existen en ella, los cuales estarían adaptados a una entidad ideal denominada justicia. Sería, en este sentido, un instrumento que conecta el mundo del ser con el mundo del deber ser.

Esta definición nos servirá provisionalmente como punto de partida histórico para estudiar el concepto de derecho.

III. ALGO DE PREHISTORIA

Los humanos somos seres sociales. A esto es a lo que se refiere Aristóteles con su famoso *dictum* acerca de que el hombre es un animal político. En efecto, nos señala que el ser humano es más social que cualquier otro animal, toda vez que gracias a su habilidad para hablar es capaz de comunicar a otros sus sensaciones y emociones, así como también su idea de la justicia[12]. De aquí, de su habilidad para comunicarse, es que nacerían las diversas asociaciones básicas en que el hombre se encuentra inmerso, la familia, la villa y la polis.

La declaración de Aristóteles sobre la sociabilidad humana y su conexión con la facultad de hablar es de sumo interés, atendida su relación con el desarrollo del ser humano como especie. En efecto, los miembros de la familia *homo sapiens* que salen de África hace alrededor de cincuenta o sesenta mil años, tienen la habilidad de comunicarse con otros miembros de su especie de una manera que parece incomparable con los demás primates que han existido hasta entonces.

Compartimos con los demás primates superiores un instinto gregario que nos permite vivir en grupos, pero nos diferenciamos de los chimpancés y gorilas crucialmente en que ellos no pueden establecer comunidades de más de 25 individuos –y, en el caso de los gorilas, aún menos–, mientras que nosotros participamos de comunidades imaginarias que abarcan a millones de seres humanos. Nuestra capacidad organizativa se articula en torno al habla y somos capaces de ordenar nuestra convivencia en grupos mayores, voluntariamente construidos gracias al habla.

---

[12]   Arist. Pol. 1253a 9-17.

Aunque los paleoantropólogos discuten sobre el surgimiento del habla (y su ligazón con determinados segmentos de nuestro ADN y epigenoma). Parece claro que los primeros miembros de nuestra especie, hace más de ciento cincuenta mil años, ya gozaban de la capacidad de elaborar pensamiento abstracto. Aunque los yacimientos fósiles de Sudáfrica parecen tener muchas sorpresas reservadas, en las cuevas de Blombos aparecen unos veinte fragmentos grabados con símbolos abstractos que datan de hace unos ciento veinte mil años, como también restos de pigmentos utilizados para pintar y conchas que pudieron constituir cuentas para ornamentos. Aunque los inicios de las bellas artes no constituyen prueba de lenguaje, sí son evidencia de comportamiento simbólico del tipo que presupone el habla. Es más, la presencia de los mismos podría sugerir estratificación social, lo cual sería evidencia de una estructura social más bien compleja.

Si bien los grupos de cazadores y recolectores que emergen de África hace unos setenta mil años parecen vivir, en general, en comunidades pequeñas de entre veinticinco a cincuenta miembros, debe recalcarse que algunas comunidades costeras de Sudáfrica pueden haber excedido con creces esos números, e incluso llegado por sobre los ciento cincuenta miembros requeridos para iniciar el proceso de estratificación social[13].

En cualquier caso, la capacidad organizativa de los primeros seres humanos completamente modernos parece no encontrar paralelo en las demás especies de mamíferos superiores. Nuestros primos, los hombres de Neanderthal, parecen vivir en grupos significativamente más pequeños, de diez o doce miembros y, aunque tienen claras muestras de pensamiento abstracto, no superan esta barrera organizativa. En pocas palabras, los hombres del paleolítico superior parecen hábiles en establecer comunidades amplias y, por tanto, en coordinar sus intereses más allá de las unidades básicas establecidas por nuestros parientes los simios. De manera muy interesante, este proceso de expansión de nuestra capacidad asociativa se encuentra relacionado con el fenómeno paralelo de gracilización de las características del ser humano. En efecto, los restos de los primeros *homini sapiens* (seres humanos completamente modernos) parecen más robustos que cualquier hombre actual. Sus huesos tienen un diámetro mayor que permite soportar un sistema muscular más desarrollado. En síntesis, junto a los primeros representantes del género

---

13   Bintliff (2000), 21-30.

homo sapiens, nosotros somos unos alfeñiques. No obstante, el ser humano moderno perdió esta mayor fuerza física y resistencia aún antes de salir de África, lo cual parece indicar que, al interior de los grupos, la conflictualidad fue en declive.

En resumen, los seres humanos modernos, en materia de comportamiento social, nos distinguimos de los demás primates tanto en la capacidad de establecer comunidades más amplias, como en la baja conflictualidad intracomunitaria, lo que ha significado, progresivamente, perder nuestros atributos físicos que nos permiten defendernos unos de otros.

Tanto Aristóteles como Hume[14] establecen como punto crucial para el surgimiento del sentido de justicia, la elaboración de comunidades mayores donde no es el mero instinto, sino la conjugación de intereses, lo que prima. En efecto, la construcción de comunidades superiores a los pocos miembros de los harenes de los gorilas o las pequeñas comunidades de los chimpancés, supone una capacidad de empatía que distingue a los seres humanos de los demás primates. Esta facultad para comprender los padecimientos ajenos y el deseo de evitarlos es el germen de la justicia y permite que la comunidad completa se involucre en asegurar un cierto grado de bienestar a sus miembros, quienes, a su vez, ven en la supervivencia común la posibilidad de sobrevivir individualmente. Si esto da lugar a una suerte de convención, como quieren Hume[15] o MacCormick[16], es un problema que todavía no nos compete estudiar.

Es posible que aquello que nos distingue de los demás primates y mamíferos superiores sea justamente la existencia de un sentido de la justicia que nos resulta innato, que nos hace sentir como propias las vicisitudes ajenas y nos obliga, en los casos en que estimamos que dichas desgracias son consecuencia del actuar de otro, a evitarlas o repararlas. Nuestras comunidades no están construidas para el beneficio de un macho dominante o de unos pocos miembros de la misma, sino para asegurar la vida y reproducción a la generalidad de los miembros de las mismas. Los ejemplares de nuestra especie que carecen de empatía –como los psicópatas–, y por tanto tienen un sentido de la justicia debilitado, suelen ser expulsados o marginados de las mismas, con lo que sus posibilidades reales de supervivencia y de transmisión de su

---

[14] Hume (2015), 609.
[15] Hume (2015), 609.
[16] MacCormick (2007), 20.

carga genética son ínfimas. Hace tiempo ya que los economistas descubrie-
ron la importancia de los comportamientos altruistas en el éxito y fracaso de
cualquier comunidad, y el sentido de la justicia es el motor de una amplia
variedad de este tipo de conductas que resultan clave para la supervivencia
de las diversas comunidades.

IV. LA JUSTICIA

Curiosamente, a diferencia de la palabra derecho, la palabra justicia sí tiene paralelos en todas las culturas de las cuales tenemos noticia. El griego *diké* tiene un campo semántico primario bastante coincidente con *iustitia*, lo mismo que con otras lenguas antiguas y modernas. En muchas culturas, su representación ideal ha sido construida como una divinidad o como emanación de alguna entidad superior. El carácter primario e innato de la justicia parece inspirar la idea de su carácter sobrenatural, sobretodo, si pensamos que el sentimiento religioso parece ser tan antiguo en el hombre como la capacidad de hablar y que probablemente jugó un rol clave en su capacidad para sociabilizar y establecer amplias comunidades.

Así, entre los griegos, *Diké* es la hija de Zeus y este ha enviado junto con ella a treinta mil inmortales para que vigilen la conducta humana de acuerdo a sus designios[17]. Su función esencial es evaluar el comportamiento de los hombres (o incluso de los dioses). De acuerdo al mismo Hesíodo, el destino de las comunidades que violaban la Justicia era la ruina[18].

La Justicia, según Hesíodo, diferencia a los animales de los hombres. Los primeros viven al amparo de la ley natural, es decir, de lo que nosotros llamamos la ley de la selva, donde el fuerte prima sobre el débil; mientras que los seres humanos, por especial disposición de Zeus, no. Para ilustrarlo,

---

[17] Hesiod. Op., 228
[18] Hes. Op. 248-251

presenta la parábola del gavilán y el ruiseñor[19], donde el ruiseñor se queja ante el gavilán que lo tiene en sus garras, lamentándose de la injusticia de sus actos. El gavilán le responde que ellos son animales y que, por tanto, entre los animales, el más fuerte debe someterse al débil. Entre los hombres esto es distinto, puesto que la justicia les permite estar excluidos de esta ley violenta. Así, la justicia sería un patrimonio común de todos los hombres que los definiría como tales, excluyendo de sus relaciones la neta primacía del más fuerte y su función sería enjuiciar el comportamiento humano.

El rol de la Justicia en la polis quedó plasmado en el pensamiento griego en la *Orestíada*, especialmente en las *Euménides*, la obra que cierra el ciclo poético de la trilogía de Esquilo. La acción se desenvuelve inmediatamente después de la Guerra de Troya. En la primera parte de la serie, Agamenón regresa victorioso de Troya y es asesinado por su mujer, Clitemnestra, mientras toma un baño, para vengar la sangre de su hija Ifigenia, que fue sacrificada por su padre a fin de asegurar el cruce victorioso de la flota aquea al Asia. En la segunda parte, Orestes, hijo de Agamenón y Clitemnestra, regresa a casa y con la ayuda de Electra asesina a Clitemnestra a fin de vengar la sangre de su padre. Finalmente, en las *Euménides*, la tercera parte del ciclo, la vieja justicia de la sangre cae sobre Orestes en la forma de las Erinias, espíritus vengadores que lo persiguen buscando su locura y suicidio para que ningún crimen quede sin castigo. Es así que Orestes concurre a Atenas, el más justo de los pueblos, de acuerdo al autor, y allí se constituye el primer tribunal, donde la ciudad juzgará si es culpable o inocente. Con la absolución de Orestes, las viejas Erinias se transforman en Euménides, espíritus consoladores de la memoria que lo sanan.

La historia de Orestes constituye, desde el pensamiento griego, el fin del ciclo primario de la justicia de la sangre, emanada de la divinidad y atada al talión, así como el comienzo de la justicia de la polis, guiada por un tribunal y el pensamiento humano.

Las Erinias afirman: "¿Qué mortal se mantiene en la justicia si nada teme?". La justicia, dentro del pensamiento tradicional griego, se fundaría en el temor a la divinidad, en el castigo terrenal que cae sobre los pueblos que desoyen sus llamados y la furia de las vengadoras de la sangre. No obstante, la consciencia religiosa griega entró en crisis durante el siglo VI y V a.C. de manera que todas estas concepciones debieron ser revisadas a fondo.

---

[19]   Hes. Op. 207-212

Con la aparición de los *physicoi*, los sabios expertos en la física que propusieron leyes causales para la predicción de los eventos del mundo físico durante el siglo VI a.C., el mundo dejó de ser arena de combate para los dioses. Thales de Mileto elaboró complejos experimentos para predecir los eclipses y estableciendo leyes causales para el orden físico. Su discípulo Anaximandro señaló incluso que el mundo es un *kosmos*, es decir, un orden. Al tener un orden inmanente, el universo deja de estar expuesto al voluntarismo divino y, por tanto, deja de ser susceptible de los antojos de los dioses.

De acuerdo a Kelsen, el orden primitivo se caracteriza por la primacía del principio de imputación por sobre el de causalidad, en el sentido que los hechos naturales son vistos como consecuencia de los actos del hombre y atribuidos a la responsabilidad de la divinidad, constituyendo castigos o premios por la conducta del hombre[20]. Así, en cierto sentido, Thales sería el descubridor de la causalidad, mientras que Anaximandro reemplazaría la imputación por la causa en todo el mundo natural. Con la caída del imperio divino en el mundo natural, el orden humano rápidamente entró en crisis y con él la posibilidad de una Justicia sobrenatural que regule sus relaciones.

Protágoras (490-421 a.C.) afirma su agnosticismo en materia religiosa y postula que todas las causas para los fenómenos naturales se encuentran en la materia, lo que lo convierte en uno de los primeros materialistas. Consecuentemente, declara que en el juicio de todo hecho humano pueden construirse dos argumentos, uno laudatorio y otro condenatorio, sin que ninguno de ellos tenga necesariamente la primacía moral. Por ello, un buen legislador debe preocuparse porque la población crea justas aquellas cosas que son útiles a la comunidad[21]. El argumento es muy importante, toda vez que al eliminar la posibilidad de una valoración sobrenatural y objetiva de los hechos, necesariamente concluye su indiferencia moral. La justicia, como tal, se convierte en solo una ilusión, mientras que la utilidad toma su lugar como eje de la valoración moral. Estos planteamientos volverán a presentarse en la filosofía jurídica algunos siglos más adelante en una forma más depurada bajo la escuela utilitarista, lo que transforma el punto en fundamental.

No obstante, dadas las conexiones de Protágoras con la élite ateniense, en particular su íntima amistad con Pericles, parece fácil postular la influencia

---

[20]   Kelsen (2002), 1.1432.
[21]   Plat., Theaet. 167c.2.

de sus planteamientos dentro de la política exterior de Atenas. Especialmente ilustrativo es el caso de la invasión ateniense a la isla de Melos (o Milos), narrada por Tucídides[22]. En el marco de la Guerra del Peloponeso, Atenas requiere controlar todas las islas del Egeo a fin de mantener su imperio marítimo, con el que piensa, a la larga, derrotar a los lacedemonios y sus aliados. En dicho contexto, la isla de Melos se niega a someterse a los dictados atenienses, al ser colonia espartana, circunstancia que hace impía una guerra contra su metrópolis. Una flota ateniense desembarca en la isla y se establece un diálogo entre los melienses y los atenienses sobre el problema. El diálogo, que se ha convertido en un clásico de las ciencias políticas, desde el punto de vista del derecho, es una contraposición entre las ideas de justicia y utilidad. Los melienses apelan a la injusticia cometida por Atenas al invadirlos, ante lo cual responden que ellos solo pueden debatir en qué consiste el interés de Melos, esto es, someterse a Atenas o ser destruidos, puesto que entre el fuerte y el débil no caben consideraciones de justicia. En efecto, los atenienses señalan que su agresión está amparada por la ley natural –la ley de la selva–, donde el débil ha de someterse al fuerte. Esta ley, nos dicen los representantes de Atenas, no la creamos nosotros ni podemos cambiarla, la recibimos de nuestros mayores y la heredaremos a nuestros hijos.

En síntesis, según la *realpolitik* ateniense, el interés reemplaza a la Justicia para que el mundo de los hombres y de las fieras se rija por la misma ley. Como es entre las bestias, así sea entre los hombres.

La coronación histórica de esta línea de pensamiento la da un oscuro personaje llamado Trasímaco, de quien nada sabemos en verdad, salvo que Platón tuvo la ocurrencia de ponerlo como personaje sabelotodo y picapleitos en su famosa República. Al respecto, en el libro I de la República, los personajes principales debaten sobre qué es la justicia. Ante sus afirmaciones, Trasímaco, que pasaba por ahí, se acerca y les dice que deben preguntarle a él qué es la Justicia. Sócrates y sus discípulos, un tanto sorprendidos, siguen sus instrucciones y él declara[23]: "¡Escuchad! Yo digo que la justicia no es otra cosa que el interés del fuerte...". Ante la perplejidad de Sócrates, procede a elaborar su definición. Señala que en las monarquías las leyes se hacen en interés de uno solo; en las aristocracias, de unos pocos; y en las democracias,

---

22   Tuc., Hist. 5.89.
23   Plat. Rep.338c-e.

de la mayoría. En todos esos casos, la ley declara lo que es justo y lo que es injusto, de manera que lo justo en cada régimen de gobierno coincide con el interés del grupo dominante, sea este la mayoría, la élite o un déspota.

Es en este contexto que la idea de la justicia da un verdadero giro copernicano, de la mano de Aristóteles. El Estagirita fue un discípulo de Platón, para luego convertirse en un pensador de fuste por derecho propio después de su salida de la Academia tras no conseguir ser nombrado sucesor de Platón. Tal vez por sus oscuros orígenes sociales, no fue un filósofo tan influyente ni conocido en la Antigüedad, como lo fue su maestro. De hecho, sus obras estuvieron perdidas durante unos siglos y solo mediante su redescubrimiento, durante la República Tardía, fue que comenzó a ser valorado. Aunque su rol primordial en el pensamiento moderno es indiscutible, durante la Antigüedad este fue más bien discreto. En todo caso, tal vez su idea más interesante, la existencia de una justicia natural, se encuentra en la base de toda la discusión filosófico-jurídica de nuestro tiempo.

De acuerdo a Aristóteles, el hombre, por su capacidad de hablar y de asociarse, es el animal más gregario que existe, un *zoón politikón*, un animal político. Esta sociabilidad solo es posible porque en su naturaleza se encuentra un sentido de la justicia que se vincula directamente con su capacidad racional. Es decir, el hombre actúa según su naturaleza, pero esta naturaleza es racional, a diferencia de la animal, y de su razón surge la necesidad de actuar con justicia. En pocas palabras, le ha dado la vuelta al argumento sofista: el hombre está sometido a la naturaleza, pero su naturaleza, al ser racional, le obliga a actuar de acuerdo a un sentido racionalista de la justicia. Es por ello que la justicia termina asociada, en su pensamiento, a las matemáticas, como un modelo de racionalidad. La justicia distributiva consiste en asignar las cargas y beneficios generados por la comunidad a la geometría, ya que deben distribuirse según reglas de proporcionalidad. Las relaciones entre iguales quedan sometidas a la justicia sinalagmática o conmutativa, que a su vez se vincula con la aritmética, puesto que intenta restablecer la igualdad en los contratos y delitos. Esta concepción de justicia pasará a occidente, aunque muchas de su características, como es la naturalidad, comenzarán a ser predicadas del derecho.

V. UBI SOCIETAS IBI IUS?

Hasta donde hemos logrado conducir estos estudios, hemos llegado al punto de decir que la justicia, como sentido valorativo de las relaciones interpersonales, parece ser innata. Esta ha sido concebida de diversas maneras, como el resultado de una comunicación del mundo sobrenatural, como balance de la utilidad social e interés personal, o como una consecuencia de nuestra naturaleza racional, pero en cualquier caso suele ser un concepto omnipresente en las relaciones humanas. Ahora bien, ¿puede decirse lo mismo del derecho? Existe una vieja máxima: *"ubi societas ibi ius"*, que fue acuñada por Heinrich von Cocceji, un jurista austríaco de fines del siglo XVII y comienzos del XVIII, quien, en sus comentarios a la obra de Hugo Grocio, intenta resumir el pensamiento de la Antigüedad en estos términos: "donde haya sociedad, ahí habrá derecho"[24]. Nos toca preguntarnos por la veracidad de esta afirmación.

La primera pregunta que vamos a plantearnos es a qué entidad daremos la calificación de derecho. ¿Es todo método para resolver conflictos? ¿Tiene algún requisito? Si es así, ¿cuál? Nuestros estudios relativos a los usos lingüísticos de la voz *ius* nos llevaron a ciertos resultados. El derecho parece tener a lo menos tres acepciones importantes: (1) como método de resolución de conflictos a través de la intervención de un juez, esto es un tercero establecido institucionalmente (*ius* como resultado de la acción jurisdiccional); (2) como conjunto de reglas (derecho objetivo); y (3) como posición asignada a un sujeto determinado (sentido subjetivo). Puesto que el tercero de estos

---

[24]   von Cocceji (1752), 613.

sentidos resulta de la aplicación deductiva del segundo, parece dependiente del mismo y, por tanto, menos amplio y general para su aplicación. Los sentidos segundo y primero, en cambio no son necesaria e inmediatamente deducibles el uno del otro, por lo que debiesen requerir de una atención pormenorizada. Ambos parecen ocupar posiciones antagónicas en la escala temporal, toda vez que el primero, a fin de cuentas, es necesario para la consecución del segundo, aunque el segundo actúa como finalidad del primero. Así, el derecho parece ser un conjunto de reglas y, al mismo tiempo, un resultado, dirigido a la resolución de conflictos. En este sentido, el derecho suele ser descrito con dos características importantes: la existencia en su interior (o composición exclusiva) de normas y la aplicación institucionalizada de las mismas (Hart). Así, ante la pregunta de si toda sociedad tiene derecho, a primera vista, parece que debiésemos inclinarnos por la negativa, toda vez que no todas tienen un cuerpo de normas que resuelvan sus conflictos de manera institucional. En efecto, las asociaciones humanas son múltiples y van desde grupos reducidos, como la familia o un grupo de amigos, hasta el Estado o la Organización de Naciones Unidas. En algunas de ellas, especialmente las de mayor tamaño, existen reglas que permiten resolver conflictos, como en un club de ajedrez o en ciertas sociedades deportivas, mientras que en otras este mecanismo pasa por la designación de un tercero y, en algunas pocas, como la Iglesia, el Estado o la FIFA, este tercero se encuentra establecido institucionalmente. Esto es, de manera permanente y a través de reglas fijas. Así, parece existir una suerte de ordenación en cuanto a la complejidad de las organizaciones, donde las más simples carecen de normas y las situaciones se resuelven caso a caso (como la familia); otras mayores que tienen reglas, pero estas no son aplicables por un tercero; otras donde sí hay un tercero; y algunas verdaderamente grandes, donde este tercero se encuentra establecido institucionalmente. En este sentido, el derecho parece ser una herramienta para la resolución de conflictos que permite operar en comunidades de mayor tamaño y complejidad, donde la ausencia de reglas o la parcialidad del aplicador de las mismas tendería a poner en crisis la subsistencia de la misma. En resumen, el derecho sería un instrumento que nos permite superar la sociabilidad simple de las comunidades pequeñas en que el hombre subsistió durante todo el paleolítico y establecer asociaciones más complejas, como la aldea, la ciudad y el imperio, que nacen como desarrollos del neolítico.

Históricamente, la existencia de normas jurídicas escritas es bastante antigua. Los cuerpos legislativos encontrados en Mesopotamia, como el celebérrimo Código de Hammurabi, datan del segundo milenio a.C., una época formativa en que algunas de las ciudades de la región han establecido imperios que abarcan extensas zonas agrícolas. En Grecia continental, tal procedimiento parece remontarse al siglo VI a.C., una edad dorada de la polis, en que el crecimiento demográfico ha asentado el poder de la ciudad como eje social de la Hélade. Vimos que también la idea de un tribunal que administre justicia está establecida como uno de los ejes míticos en la memoria griega. En este sentido, parece haber una diferencia cualitativa entre contar con un conjunto de reglas y un tribunal, que hacen que los sistemas de resolución de conflictos que los desarrollan sean sustancialmente diversos de los que carecen de ellos. Que en los usos lingüísticos relativos a la voz *ius* aparezcan estos elementos como centrales no es casual y nos servirá de base para estudiar el fenómeno jurídico.

VI. ¿QUÉ ES UNA NORMA?

El positivismo científico de la primera mitad del siglo XX puso a la norma como el eje de discusión de la teoría del derecho. En efecto, la discusión entonces intentaba equiparar la posición del derecho a la que ostentaban las ciencias naturales, las cuales se regían por un método científico para su estudio. Basta leer la introducción de la Teoría Pura del Derecho de Kelsen para comprender que el motor del viejo jurista austríaco parece ser la idea de crear una ciencia pura, no valorativa, que sea capaz de estudiar el fenómeno jurídico. Una de las principales características de la ciencia es el tener un objeto de estudio claro y distinto de las demás ciencias, por lo que en dicho proceso de cientifización del derecho se estableció la norma como el objeto propio para el estudio del derecho, incluyendo su validez y creación entre sus puntos centrales. El derecho, en este sentido, fue concebido como un sistema de normas.

Una norma parece ser un enunciado deóntico, esto es, una afirmación que manda, prohíbe o permite un acto humano. No es una descripción del mundo –y en este sentido no es una afirmación indicativa– y, por tanto, no permite un juicio de veracidad o falsedad, sino que es imperativa o subjuntiva. En este sentido, las normas tienen como contenido un deber, esto es, una conducta que ha de ser realizada (mandada), que no ha de ser realizada (prohibida) o la autorización para ejecutar o no una conducta (permitida). Así, clásicamente suele decirse que una norma manda, prohíbe o permite algo, lo cual está tomado del *dictum* del Digesto que señala: *lex virtus haec est imperare vetare permittere punire*[25] ("La virtud de la ley es esta: mandar, prohibir,

---

[25]   D.1.3.7 *Modestinus, liber secundo regularum.*

permitir o castigar"), de donde se toma la definición de ley del Código Civil. En verdad, puede decirse que los efectos de una norma son solo dos, permitir y prohibir, pues un mandato no es más que permitir una conducta y no permitir su contraria, por lo que dicho efecto puede descomponerse en dos conductas complejas. Por otro lado, en Roma, el castigar corresponde a un efecto distinto del mandato o la prohibición, mientras que en la redacción del Código Civil no. Esto parece apuntar a la naturaleza coercitiva de las normas jurídicas, que fue establecida como una de sus características centrales durante el siglo XIX, especialmente desde los trabajos de Austin, aunque ya Bentham lo había planteado antes[26], lo mismo que Delvincourt[27].

Una norma tiene dos partes, una descripción de un hecho y una consecuencia jurídica imputada al mismo. El hecho, en principio, debiese ser un acto humano, aunque ello no es necesariamente cierto. Aunque solo los actos humanos pueden ser objeto de regulación, puesto que son voluntarios, un legislador podría olvidar esto y redactar normas que intentasen regular el mundo natural. Su norma sería inútil, como Calígula ordenando azotar al mar, pero no por ello dejaría de ser una norma.

El consecuente jurídico es lo que se denomina sanción (de *sanctus*) e indica el resultado que deberá aplicarse a quien se encuentre en la situación descrita por la norma. Entre el antecedente y el consecuente está la imputación. Las normas no dan causas a efectos, sino que imputan consecuentes a antecedentes. Entre ambos elementos existe una diferencia fundamental: la causa es indicativa, esto es, describe el mundo, mientras que la imputación es subjuntiva, toda vez que solo indica qué debiese suceder. La imputación requiere de un acto humano consciente para su concreción, mientras que la causa no necesariamente. La norma, en este sentido, ha tomado un lugar central dentro de las definiciones del derecho desde fines del siglo XIX, especialmente desde que este es definido como un sistema de normas.

Ahora bien, las normas no son órdenes puntuales que se otorgan para un momento dado. Es distinta una orden impartida para ser cumplida una vez ("traiga usted el borrador a la sala ahora"), de una norma que fija su vigencia –en principio, no para una ocasión– para un número indeterminado de ocasiones ("cada vez que tengamos clases, traiga usted el borrador"). Entre

----

26   Vid: Bentham (1945), 54.
27   Delvincourt (1834), 10.

ambas formas, el modo verbal es distinto, puesto que en la primera se agota la validez de la orden con su ejecución (imperativo indefinido o aoristo en griego), mientras que en la segunda no. Esto no debe confundirse con la validez de la norma en el tiempo, toda vez que una norma puede ser concebida para un período de tiempo definido (un siglo, un año, un día, un minuto), aunque no por ello deja de ser una norma, incluso aunque en la práctica solo pueda aplicarse una vez, de igual manera que si fuese una orden. Así, la diferencia entre órdenes y normas es estructural, no temporal. Una se agota en su cumplimiento, mientras que la otra no, esencialmente porque las órdenes carecen de antecedente, mientras que las normas presentan antecedente y consecuente. Frecuentemente, se suele señalar que las sentencias son normas jurídicas particulares, dadas por un tribunal para un caso concreto. Nosotros preferimos establecer una diferencia estructural entre ambas, pues los tribunales dictan, por regla general, órdenes en sus sentencias, que se agotan en la ejecución de la condena.

Las normas pueden estar establecidas en términos impersonales, en el sentido que implica a cualquiera que se encuentre en la situación descrita por ellas. No obstante, esto no es necesario. Existen normas individuales, fijadas para regir la situación de un individuo en concreto, como los privilegios. En derecho romano se afirmaba que *"iura non in singulas personas, sed generaliter constituuntur"*[28] (las normas no se constituyen respecto a personas individuales, sino para la generalidad).

Al decir de Kelsen, las normas son siempre actos de voluntad, toda vez que su existencia, al establecer un deber, implica que alguien quiere que las cosas sean de una determinada manera[29]. Aunque a primera vista esto parece cierto, y en muchos casos lo es, hay, a lo menos, dos situaciones en que la afirmación puede ser dudosa. El primero y más evidente es el caso en que se construyen nuevas normas a contar de otras ya vigentes, sea mediante operaciones deductivas o mediante el uso de analogía. Si bien, en el primer caso –las deducciones–, puede decirse que la norma derivada se encuentra implícita en la primera, esto no es así en las construcciones analógicas. El problema es mucho más agudo en caso de construirse una norma directamente desde la solución reiterada de casos en un sistema que no reconoce el precedente.

---

[28] D.1.3.8 Ulpianus, libro 16 ad edictum.
[29] Kelsen (2002), l.216.

Por otra parte, el titular de la voluntad parece también oscuro en situaciones donde la norma no emana directamente de un legislador, como es el caso de la costumbre, o cuando la norma cae en desuso y pierde eficacia (*desuetudo*).

En todo caso, existen muchas normas, aunque no todas ellas son propiamente jurídicas. Así, por ejemplo, existe un conjunto de reglas que rigen la forma adecuada de servir la mesa, de comer, de llevar una relación de pareja no marital, de jugar al ajedrez, etc. Muchas de estas normas provienen de la costumbre, aunque en algunos casos dichas normas se encuentran enunciadas en libros y manuales, como el Manual de Carreño o las reglas del ajedrez de la Federación Internacional de Ajedrez. La pregunta relativa a la naturaleza de la norma se torna compleja en cuanto nos encontramos en la necesidad de llamar a algunas de ellas derecho y a otras no. Al respecto, existen distintas alternativas que han sido enunciadas por la doctrina. Una, profundamente influyente, es la idea que la norma jurídica se diferencia de las demás normas por la posibilidad de aplicarla coactivamente a los miembros de una comunidad. Esta idea fue enunciada por John Austin a mediados del siglo XIX y ha tenido una sorprendente influencia en la academia desde que Kelsen la apoyase[30]. Desde entonces se ha señalado que las normas jurídicas son aquellas que pueden aplicarse eventualmente por la fuerza, siendo normas sociales o morales todas las demás. Así, existirían dos tipos de sanciones: la pena y la ejecución civil. Esta alternativa no parece demasiado fructífera, toda vez que no todas las disposiciones de aquello que llamamos derecho objetivo parecen contemplar sanciones y ni siquiera todas las normas. En primer término, entre las normas, que suelen ubicarse dentro del aparato de disposiciones conocido como derecho, algunas no parecen contemplar sanción alguna. Así, por ejemplo, las normas que permiten una conducta, no parecen contener ninguna sanción a quien no realice la conducta permitida. Podría alegarse que sí contienen una sanción para quien impida la ejecución del acto permitido, pero la conexión entre norma y sanción parece remota. Hart trata el caso de las normas que rigen el proceso nomogenético. Estas normas no tienen ninguna sanción en sí mismas, sino que simplemente establecen que los actos que se realicen fuera de los procedimientos no tendrán validez. No parece existir ninguna amenaza de coerción en ellos, sino que se penan con nulidad[31].

---

30   Kelsen (2002), 1.1966.
31   Hart (2012), 1.1389.

Por lo demás, dentro del aparato de disposiciones que conforman el derecho, existen elementos que no son normas. Así, por ejemplo, muchas disposiciones contienen definiciones y estas simplemente describen una institución, sin llegar a conectar directamente ningún consecuente con ellas. Podría bien alegarse que estas disposiciones son completadas por otras que les otorgan fuerza jurídica en caso que alguno no adapte su conducta al contenido de la definición; como si una disposición dijese qué son los homicidios y otra le fijase una penalidad a estos. Esta idea (que algunas normas están completas en sí mismas y otras no) ha sido sintetizada por Kelsen señalando que existen normas completas, que contemplan un antecedente y un consecuente, y otras incompletas, que requieren del resto del ordenamiento jurídico para obtener un consecuente. La idea es ingeniosa, pero al analizar la mayor parte de las disposiciones de un ordenamiento jurídico cualquiera, encontramos que existen pocas –cuando no ninguna– norma jurídica completa. De hecho, la mayor parte de las normas jurídicas completas parecen ser construcciones realizadas por el propio intérprete de las disposiciones de un ordenamiento jurídico. Esto deja al teórico del derecho en una posición extraña, puesto que, o el derecho está conformado por normas que, por algún motivo, no son expresadas con claridad, o buena parte de las normas de las cuales estimamos constituido el derecho son meras construcciones realizadas por el intérprete. En este contexto, recobra sentido la idea romana de separar la coercitividad (*punire*) de las demás funciones deónticas de las disposiciones.

La coercitividad no es una característica exclusiva de la norma jurídica. Muchas normas que pertenecen al orden religioso, moral o de etiqueta, implican la existencia de una sanción. Si un sujeto no cumple con sus obligaciones religiosas, puede verse expulsado de su agrupación; lo mismo que si alguien rompe gravemente las reglas de la etiqueta, sufrirá la expulsión de un evento y, tal vez, el ostracismo social. Puede decirse que estas sanciones no revisten la gravedad de las sanciones jurídicas, pero esto es relativo. Más de alguno ha llegado al suicidio por no pertenecer más a un determinado círculo social, en el mejor estilo de las novelas de Proust. En ciertos contextos, quien no siga las reglas de la mafia, se arriesga a la muerte. Pero, ¿cuál es la diferencia entre el orden jurídico y el mafioso? Podría decirse que la gran diferencia radica en que uno es producto del actuar del Estado, mientras que el otro es simplemente consecuencia del obrar de particulares. Existe una anécdota acerca de Alejandro Magno, quien en cierta ocasión había capturado a un capitán pirata. Este le dice: "Me llamas pirata porque mando pocas naves, si mandase muchas yo sería un general". Si el derecho no es más que la fuerza organizada, la afirmación del pirata tendría muchísimo sentido.

Parece que la teoría jurídica de la primera mitad del siglo XX solía fijarse en Estados weberianos para su construcción[32], esto es, en Estados fuertemente institucionalizados que tienen el monopolio del ejercicio legítimo de la fuerza. En un orden tal, donde la legitimidad del Estado garantiza el monopolio de la fuerza, puede existir coincidencia entre las normas coercitivas y las jurídicas. En la realidad, existen múltiples instancias donde se aplican sanciones y estas no están respaldadas por el orden jurídico. Tomemos el caso clásico dado por MacCormick[33]: el de las filas de espera. Si alguien intenta saltarse una cola, lo más probable es que no sea atendido por el prestador de servicios, lo cual implica una sanción para el caso de contravención de una norma. ¿Cuál es la diferencia entre esta norma, que muchos calificarían de social, y las normas jurídicas? Existen muchas ocasiones en que el orden jurídico mismo ni siquiera establece sanciones; como en la Roma arcaica, donde, dada la imbricación entre el orden social y el religioso, la sanción era, generalmente, de corte sobrenatural (*sacer esto*, sea maldito). Esta calificación de *sacer* implicaba la desconexión del sancionado con el mundo del derecho y, por tanto, al dejar este de ser un detentador de derechos y libertades, podía ser agredido impunemente por cualquiera. Por lo demás, hay casos en que normas de carácter social pueden servir de base para pronunciamientos jurídicos. Por ejemplo, si dos sujetos hacen cola y atiendo al segundo, mas no al primero, este podría demandarme por la falta de servicios, incluso con acciones de carácter constitucional. En pocas palabras, la coactividad, por sí misma, no es demasiado explicativa a la hora de calificar una norma como jurídica.

En este contexto, existe una segunda teoría que intenta explicar la juridicidad de las normas mediante la presencia de mecanismos de validación. Según esta tesis, las normas son jurídicas si han sido válidamente emitidas. La validez se obtiene del hecho de haber seguido el procedimiento establecido en otras normas que, por ello, son llamadas normas de validez o de identificación (normas secundarias, en la nomenclatura de Hart). A su vez, estas normas

---

32   Al respecto, Weber señala que el Estado tiene como medio específico de acción la violencia y que su característica central es el ser capaz de establecer un monopolio sobre ella. Vid: Weber (2009), 83.

33   MacCormick (2007), 14.

de identificación han de haber sido dictadas según otras normas de la misma clase hasta llegar a la cúspide de un sistema de normas, en cuyo lugar estaría la Constitución. Es la conformidad formal con la Constitución lo que daría el carácter de jurídico a una norma en concreto otorgándole validez. Esto implica que dentro del ordenamiento jurídico hay disposiciones de distintos tipos, algunas que son normas coercitivas y otras que son normas de validez o identificación, esto es, no coercitivas. Las segundas serían las normas que autorizan el desarrollo de ciertos actos, las primeras, las que mandan o prohíben. No obstante, esto parece presentar un problema deóntico, toda vez que –como vimos antes–, los significados modales de mandato o prohibición pueden ser reducidos a permisiones o no permisiones, esto es, a un sistema binario. Un mandato es una permisión de hacer algo y una negación de la permisión de hacer lo contrario. Una prohibición es simplemente la negación de la permisión. En pocas palabras, este sistema doble de coerción y autorización postulado por Hart puede ser reducido solo a permisiones y sus negaciones, es decir, a un sistema binario al estilo de Turing. Así, la existencia de normas de validez y el problema de las normas de autorización implica que la coercitividad (representada por las normas de comando o de prohibición) puede ser expulsada del sistema como un elemento autónomo (y, por tanto, definitorio) del mismo. La coacción sería una simple consecuencia deóntica del mecanismo de validación y no un método válido para reconocer normas jurídicas. Volveremos sobre el problema en otro lugar, aunque de momento lo dejamos planteado.

Un segundo problema, sobre el cual los teóricos del derecho se han centrado con mucha mayor fuerza, es el de la validez de la Constitución. Si todas las normas jurídicas derivan su validez de la Constitución, ¿de dónde obtiene esta, a su vez, su fuerza obligatoria? Kelsen postula la existencia de una norma básica no positiva que señalaría que debe obedecerse a la Constitución. En la segunda edición de su Teoría Pura del Derecho, estableció el origen de la validez de los sistemas jurídicos en el derecho internacional, que reconocería como estados soberanos a ciertos sujetos que ejercen efectivamente el control de ciertos territorios[34]. Venga de donde venga, la idea de una norma básica que otorga validez al resto del ordenamiento jurídico es una necesidad lógica desde el punto de vista kelseniano, toda vez que la validez de las normas debe

---

[34]   Kelsen (2002), 1.3807.

provenir de otras. La norma básica está vacía de contenido, en cuanto no establece ningún orden valorativo propiamente tal, sino que simplemente enuncia el deber de obedecer el orden jurídico, sea este cualquiera que sea. En este sentido, es una norma básica de carácter dinámico, puesto que permite la dictación de otras normas jurídicas. No es una norma del llamado derecho natural, puesto que no implica ninguna valoración respecto a la justicia del orden que establece, sino que parece, más bien, un reconocimiento del estado de cosas imperante, derivada del hecho de mantener alguien el control efectivo de un territorio determinado. Si acontece una revolución que invalida el orden constitucional vigente por la fuerza, la norma básica cambiará y dictaminará obedecer al nuevo orden constitucional. En pocas palabras, la norma básica kelseniana es un reconocimiento del derecho al poder de los hechos, ya que manda seguir las órdenes de quien, en los hechos, detenta el poder. Como dirá el papa Zacarías a Pipino el Breve[35]: *melius esset illum regem vocari, qui potestatem haberet* ("es bueno que se llame rey a quien tiene el poder de tal") y así parece que la norma básica kelseniana es una concesión del deber ser a favor del ser. En este sentido, la validez y la efectividad del sistema normativo estarían, en último término, relacionadas, toda vez que las normas de un sistema jurídico supondrían una norma básica que las valida, pero esta norma jurídica existiría solo en la medida que tal norma fuera efectiva. Supongamos que la norma básica fuese en una sociedad: "obedezca la ley de Castilla" (como lo era en la América Hispana). Luego de las revoluciones independentistas, la norma básica ha dejado de ser efectiva y, de hecho, los pueblos latinoamericanos hoy obedecen a sus propias constituciones. En este sentido, un cambio en los hechos modificó la norma básica que ahora diría "obedezca a su Constitución".

Por lo demás, la tesis de una norma básica que valide a las demás normas presenta otro inconveniente: la coercitividad y la validez son dos cosas distintas y, por tanto, puede uno preguntarse si basta uno sin el otro, ¿qué pasa si se dicta una norma conforme a la Constitución que no contemple sanción alguna? ¿Es una norma jurídica? ¿Y si se dicta sin los mecanismos validatorios, pero es efectivamente aplicada? La respuesta afirmativa a cualquiera de estas preguntas implica la exclusión de uno de ambos elementos.

---

[35]   Ann. Roy. 749. Al respecto, vid: Rojas Donat (2004), 337-358.

En verdad, la norma básica parece una simple construcción lógica y no tiene existencia real. Es inducida del ordenamiento jurídico, y no lo explica en su conjunto. La norma básica parece depender del ordenamiento y no a la inversa. De esta manera, de cualquier ordenamiento jurídico dado se puede construir una norma básica que lo valide. La llamada norma básica no actúa como ente validador y generador del derecho, sino más bien a la inversa, el derecho crea una norma básica.

En esta materia, un caso que resulta particularmente interesante es el de los movimientos revolucionarios. Muchas veces una revolución exitosa es capaz de defenestrar el gobierno legitimado por la norma básica y, en ocasiones particularmente graves, cambiar todo el sistema de organización del poder de una sociedad. No obstante, esto no significa que el derecho en general, y el derecho privado en particular, cambien en lo más mínimo. En Chile, la revolución independentista, efectivamente, modificó todo el sistema de gobierno nacional, aunque el derecho privado continuó rigiéndose por el derecho castellano-indiano vigente antes de 1810. Incluso, la Novísima Recopilación de Leyes de España entró a regir al país sin que ella hubiese sido jamás aprobada para América, ni por las autoridades españolas, ni por las nuevas autoridades revolucionarias. En palabras de Guzmán Brito, ninguna revolución, por radical que sea, es suficiente por sí misma para cambiar el derecho privado[36].

En el punto opuesto, está la recepción del derecho romano en Europa medieval. Esta fue consecuencia del redescubrimiento y estudio del *Corpus Iuris* en los Estudios Generales de Bolonia, el cual se estimó vigente sin que hubiese sucedido revolución política alguna. Ni siquiera fue necesaria una aprobación estatal.

En síntesis, la Historia no parece vincular íntima y necesariamente la existencia de normas validatorias con la vigencia de las normas jurídicas.

A estas alturas, y luego de repasar los inconvenientes de la teoría clásica, conviene volver a preguntarse entonces qué elementos nos permiten diferenciar nítidamente entre normas jurídicas y las demás normas que se aplican dentro de una sociedad determinada. Recapitulando: desde nuestro punto de vista, el derecho está compuesto por enunciados de diversos tipos, muchos de los cuales son normas, en el sentido de enunciados deónticos que describen un

---

[36]   Guzmán Brito (2000), 181.

hecho (antecedente) y lo conminan con una sanción (consecuente), mas no todos lo son. Existen también enunciados indicativos (como las definiciones), validatorios y facultativos dentro del mismo que no comparten las características estrictas de las normas. Esta es la masa de enunciados que llamamos derecho objetivo. Lo distintivo de dichos enunciados es que pueden, eventualmente, servir de base a una valoración realizada por un tercero establecido institucionalmente. Entendemos por tercero establecido institucionalmente, una entidad prevista en la propia masa de enunciados que compone el derecho objetivo, que se pronuncia sobre la legitimidad de un hecho sometido a su conocimiento. Dicha entidad se denomina tribunal y su función es establecer decisiones valorativas respecto a las conductas que se le encarga conocer.

La ventaja de este concepto de derecho es que no está atado por las constricciones de la teoría clásica ni se encuentra vinculado a una forma política determinada, sino que puede ser aplicado a una amplísima gama de situaciones reales o imaginarias donde no existe un poder soberano o, en caso de existir, no es este el principal encargado de velar por el cumplimiento de las decisiones de los tribunales. Solo requiere dos elementos: una masa de enunciados (derecho objetivo), de donde pueden deducirse las posiciones individuales de los sujetos (derecho subjetivo) y un tribunal preestablecido. En este sentido, muchas entidades que carecen de fuerza coactiva, como la Iglesia, la FIFA o la ONU, podrán tener un orden jurídico propio, en cuanto cuenten con normas y tribunales. La función principal del tribunal es realizar la valoración, así como la del derecho objetivo es dar los presupuestos que permiten la valoración. En este sentido, habrá órdenes jurídicos donde la moral esté imbricada con el derecho, como el derecho chino clásico o la *sharia* islámica, pero habrá otros en que no lo esté, como el derecho romano. La relación entre derecho y moral es fluida, toda vez que el derecho, en sí mismo, es una herramienta para cumplir con nuestra innata necesidad de justicia, sin la cual el orden social sería tanto imposible como indeseable. ¿Pueden existir otras formas de conseguir la justicia que no sea el derecho? Por supuesto. Están, por ejemplo, el régimen de noxalidad, la venganza de la sangre, la autodefensa hobbesiana, pero ninguno de ellos es tan eficiente a la hora de conseguir un orden social justo como el derecho. ¿Y si la masa de enunciados que conforman el derecho objetivo no se adapta a las necesidades sociales de justicia? Pues entonces nos encontramos a las puertas de una revolución.

Capítulo segundo:
Fuentes del Derecho

I. INTRODUCCIÓN

Hasta aquí hemos establecido que el derecho es una herramienta compuesta de enunciados que sirven de base al pronunciamiento valorativo de un tribunal. Ahora bien, cuando se plantea la pregunta relativa a las fuentes del derecho, la interrogación se refiere básicamente a los instrumentos de los cuales emanan estos enunciados que permiten realizar valoraciones a los terceros establecidos institucionalmente, es decir, a los instrumentos a los cuales se les reconoce la capacidad de crear derecho objetivo. Los derechos subjetivos son, en principio, deducciones de las disposiciones del derecho objetivo, por lo que todos encuentran su fuente en él. En este sentido, se suele decir que todas las obligaciones tienen como fuente la ley, aunque esta afirmación no es del todo exacta, principalmente porque que la ley es solo una fuente del derecho, existiendo otras. También porque hay derechos y obligaciones cuya fuente puede ser la propia naturaleza humana, esto es, emanarían del derecho natural, como los derechos humanos. Esta última afirmación es polémica, por lo que la abordaremos al finalizar el estudio de las fuentes del derecho.

El sintagma "fuentes del derecho" es una metáfora lexicalizada que nace durante la Edad Moderna. Consiste en comparar el agua que mana de una fuente, con el derecho que manaría de ciertos instrumentos. En principio, suelen distinguirse varias clases de fuentes del derecho, entre las que estarían las fuentes formales y las materiales. En este sentido, serían materiales el conjunto de circunstancias histórico políticas que dan origen a una norma en particular; mientras que serían formales el conjunto de circunstancias que dan validez, esto es, existencia jurídica, a una norma en particular. Las fuentes materiales pueden tener importancia a la hora de interpretar un precepto; mientras que las formales, para determinar si una disposición dada se encuentra vigente en un ordenamiento jurídico cualquiera. En este acápite trataremos de las fuentes formales.

Los romanos fueron los primeros en sintetizar las fuentes de su propio derecho y decían que este consta en las leyes, los plebiscitos, los senadoconsultos, los edictos de los magistrados, las constituciones de los príncipes y la jurisprudencia[37]. Esta lista de fuentes era aplicable solo a su derecho civil, es decir, al derecho de los ciudadanos romanos, y no tenía ningún tipo de aspiración universal. No obstante, cuando deseaban describir el derecho en general, decían que los pueblos se rigen por leyes y costumbres[38]. La *glossa* entendía por ellas el derecho escrito y el no escrito[39], aunque hay algo más en ello, toda vez que los romanos, especialmente en el período tardío, asociaban a la *lex* un conjunto de instrumentos que tenían todos por característica común la participación del poder político en su elaboración.

Junto a esta forma de clasificar las fuentes se encontraba otra propia del período tardío –inmanente en la propia construcción del *Corpus Iuris*–, la cual dividía los enunciados que componían el derecho en *iura* y *leges*. Los *iura* eran, básicamente, los escritos jurídicos privados de los jurisprudentes. Esto es, las reglas construidas por los jurisprudentes, las cuales tenían tal importancia que incluso fueron reconocidas formalmente como fuentes del derecho en la etapa de Adriano cuando, mediante un rescripto, se le reconoció fuerza vinculante en caso que fuese la *communis opinio* (opinión común) de la ciencia del derecho. Por otro lado, las *leges* eran un conjunto de declaraciones emitidas por el poder político, a las cuales se les reconocía la virtualidad de generar acciones y excepciones en los procesos jurisdiccionales. Entre ellas se contaban las leyes públicas del pasado, los senadoconsultos y las decisiones de los príncipes.

Un tipo de fuente frecuentemente invocado, pero que no figura en el sistema jurídico de Roma, son las decisiones judiciales. Estas son propias de la etapa moderna y, especialmente, de los sistemas del *common law*, donde la sentencia de un juez (o más bien su *ratio decidendi*) crea una regla que debe ser seguida por los pronunciamientos jurisdiccionales posteriores. Aunque esta

---

37   Gai, 1.2, similar a D.1.1.7, Papinianus, *libro secundo definitionum.*

38   Así, Gai 1.1=D.1.1.9.

39   Accursius (1527), 20.

regla puede ser ampliada o restringida por el nuevo fallo, en principio debe ajustarse a lo decidido con anterioridad, y de ahí el nombre de *stare decisis* con que el sistema es conocido. No obstante, en los sistemas continentales que carecen de *stare decisis* por regla general, también de las sentencias suelen formarse reglas que son generalmente seguidas de manera voluntaria por los tribunales, de manera que suele considerarse que son una fuente formal del derecho.

Así, este heterogéneo conjunto de medios de producción de normas suele ser enunciado diciendo que las fuentes del derecho son: las leyes (en un sentido amplio que abarca todos los tipos de enunciados emanados del poder político), la costumbre, la doctrina y la jurisprudencia (que hoy en día es la denominación que suele recibir la doctrina emanada de los fallos judiciales, lo cual es un tanto confuso). En algunos manuales de teoría del derecho, junto a las tradicionales fuentes del derecho (objetivo), pueden encontrarse fuentes de las obligaciones, como contratos, delitos, actos unilaterales, etc. No obstante, esto constituye un error teórico de cierta magnitud, toda vez que dichos instrumentos no generan disposiciones del derecho objetivo, sino que meros derechos subjetivos, esto es, regulan las posiciones relativas de las partes dentro de un sistema jurídico determinado. A la hora de realizar una decisión jurisdiccional, no forman parte de las premisas mayores que establecen las disposiciones aplicables al caso, sino de las menores que se encuentran subsumidas en ellas. En pocas palabras, el hecho de celebrarse una compraventa no genera normas dentro del derecho objetivo, sino que hace aplicables a un caso concreto un conjunto de normas ya existentes que regulan la compraventa. De esta manera, estas fuentes, conocidas más bien como fuentes de las obligaciones por la doctrina tradicional, no son autóno-mas. Así, en cierto sentido, se dice que todas ellas pueden reducirse a la ley, lo cual no es exactamente cierto, pero sí revela que su capacidad de regular las relaciones humanas no es independiente de aquellas fuentes del derecho objetivo.

Por lo general, las fuentes del derecho y su valor suelen estar tratadas en los primeros artículos de los códigos civiles. Puede parecer extraño que un cuerpo de disposiciones destinado a regir solo un tipo de relaciones, aquellas acaecidas entre particulares, sea el encargado de regular la forma precisa de incorporar enunciados dentro del derecho objetivo. Esto se debe a motivos netamente históricos, puesto que tradicionalmente las fuentes del derecho estaban establecidas en la parte introductoria de un tipo de tratado denominado instituciones que servía, durante la época romana, como esquema para el estudio de los primeros cursos de derecho. Este tipo de obras, cuyo ejemplar más antiguo que conocemos y conservamos completo son las *Institutas* de Gayo, ejercieron un rol fundamental en la enseñanza del derecho también en Occidente desde el redescubrimiento del *Corpus Iuris* durante el siglo XII y se transformaron en una herramienta fundamental para el estudio inicial del derecho. Los humanistas (s. XVI) estimaron que el sistema implícito en ellas, que dividía el derecho en personas, bienes y acciones, era el más racional que podía encontrarse y, a contar del iusracionalismo (s. XVII-XVIII) se transformaron en el modelo expositivo del derecho. Durante el período clásico de las codificaciones (s. XIX), los códigos civiles siguieron su modelo y, por tanto, incorporaron en los primeros artículos de sus títulos preliminares una descripción de las fuentes del derecho. Además, estos cuerpos jurídicos, de conformidad a la doctrina ilustrada, pretendieron rebajar la vigencia de otras fuentes del derecho y por ello se preocuparon de dar primacía en ellos a la ley y descartar o rebajar la importancia de las demás fuentes. Es por ello que se encuentran las fuentes del derecho tratadas en un cuerpo normativo de rango menor (un código civil) y no en el superior, como sería la Constitución. Esto ha dado pie a que más de alguno piense que las normas relativas a las fuentes del derecho solo se aplican en materia de derecho privado, ya que la Constitución, que trata del derecho público, supera en rango a los códigos. Esta postura ignora voluntariamente la historia y no pocas veces la lógica, toda vez que las disposiciones generales del Código Civil rigen las demás ramas del derecho no por el rango normativo del Código, sino porque este contiene principios dogmáticos aplicables a todas las ramas del derecho por derivar de las instituciones jurídicas romanas. En este sentido, el Código Civil tiene un valor transversal en el derecho, no por su rango jurídico, sino por su valor doctrinario. *Non ratio imperii, sed imperio ratio.*

En todo caso, muchas veces las fuentes parecen confundirse entre sí, toda vez que la costumbre puede probarse por sentencias (Art. 5 N°1 del Código de Comercio) o puede escriturarse por la doctrina. Muchas leyes, por su parte, suelen ser compilaciones de doctrinas emanadas de la academia, los tribunales o incluso de costumbres, de manera que, en ocasiones, mantener la independencia conceptual de cada una de ellas es difícil. No obstante, un criterio que nos puede ayudar a simplificar dicha construcción es que algunas de ellas emanan del poder político, las cuales podemos llamar leyes en un sentido amplio, y otras no. De entre estas normas emanadas del poder político caben varios tipos, como la Constitución, las leyes propiamente tales, los reglamentos, decretos y otros instrumentos normativos menores emanados de la administración. Estudiaremos primeramente estas fuentes interconectadas con el poder político.

II. LA LEY

Nuestro Código Civil define la ley en los siguientes términos: "la ley es una declaración de la voluntad soberana que, manifestada en la forma prescrita por la Constitución, manda prohíbe o permite" (art.1° CC).

Esta constituye una definición clásica de la ley. Encuentra sus orígenes en diversos lugares. En primer término, del *dictum* de Modestino en que señala cuál es la fuerza o efecto de la ley: *lex virtus haec est imperare vetare permittire punire*[40] ("La virtud de la ley es esta: mandar, prohibir, permitir o castigar"); en segundo término, en la doctrina iusracionalista, que establece que ley es una declaración de la voluntad soberana. La soberanía, de acuerdo a Andrés Bello, consiste en la independencia de una nación; esto es, que no recibe leyes de otra[41]. En este sentido, el poder legislativo es "actual y esencialmente el soberano"[42].

La idea que la ley es un acto de voluntad proviene, en el caso de Bello, de la influencia de Jeremías Bentham. Al respecto, Bentham, en una obra no publicada hasta la década de 1940, señala que el soberano es una persona o conjunto de personas a cuya voluntad una comunidad debe prestar obediencia[43]. De esta manera, una ley es una declaración del soberano, del poder legislativo de una nación, realizada en la forma preestablecida por la

---

40   D.1.3.7 *Modestinus, liber secundo regularum.*
41   Bello (1886), 28.
42   Bello (1886), 29.
43   Bentham (1945), 100.

Constitución. La Constitución no es solamente el instrumento escrito que se denomina de esta manera y regula las relaciones de poder dentro de un Estado, sino que también es el conjunto de prácticas y costumbres por las cuales esta se rige. De esta manera, la definición de ley de Andrés Bello contempla los elementos más importantes que consideraremos dentro de la idea de ley, la soberanía, entendida como poder legislativo, la presencia de normas de validación y la sanción o fuerza de la ley. Muchos de estos elementos fueron tratados a propósito de la norma, aunque en dicho contexto muchas veces no parecían funcionar de una manera deseable. Esto tiene que ver con que la teoría de la norma parece ser una suerte de expansión de la teoría de la ley. Muchos de los componentes básicos de la teoría clásica de la norma fueron originalmente concebidos para explicar la fuerza de la ley, y en dicho contexto suelen funcionar bastante bien, aunque cuando son traspasados al ámbito de las normas e intentan explicar el conjunto del derecho y no solo una de sus fuentes, fracasan estrepitosamente.

No obstante, todos estos elementos son, en algún grado, adjetivos comparados con la primera de las enunciaciones de la definición, la ley es una declaración de voluntad. Es en este aspecto donde comenzaremos nuestro análisis.

a. *Ley y voluntad*

La ley es, efectivamente, el producto de la voluntad. Ya San Agustín, uno de los primeros teóricos de la voluntad[44], sindicaba a esta como el elemento central de la ley: "la ley no comandaría si no fuese voluntad"[45]. Como señala Bentham, la ley es un mandato y los mandatos son el resultado de un querer. Alguno –el soberano– quiere que las cosas sean de una determinada manera y, por tanto, establece que deben ser así. Esto es independiente de que a ese querer se llegue por mecanismos racionales o no, puesto que lo que importa es el hecho de que se quiere algo. En ese sentido, la ley es primariamente un efecto de la voluntad, antes que de cualquier otra cosa. Es cierto que históricamente, en ocasiones, se puso a la razón como desencadenante del proceso legislativo. Así, por ejemplo, Santo Tomás trata en su *quaestio* 90 artículo 1 a la ley como una emanación de la razón. En este sentido, su argumento es que la ley tiende a ordenar y regular la conducta humana, y toda regla y medida proviene de la razón, por lo que la ley sería, en esencia, razón. Así, define la ley como: *quaedam rationis ordinatio ad bonum commune, ab eo qui curam communitatis habet, promulgata*[46] ("cierta ordenación racional dirigida al bien común, promulgada por quien tiene a su cargo el cuidado de la comunidad")[47]. No obstante, debemos señalar que Santo Tomás habla de *lex* como sinónimo de derecho. Curiosamente, la voz *ius* no tiene cabida dentro de su vocabulario filosófico, salvo para equipararla a justicia[48], y, en verdad, en su tiempo, la voluntad de los príncipes carecía, hasta cierto punto, de fuerza generalmente obligatoria. Aunque su observación es acertada, lo es solo si en lugar de discutir la ley en particular, hablamos del derecho en general. En este sentido, creemos que las limitaciones del vocabulario jurídico de Santo

---

44   Vid Arendt (2005), 120.

45   *nec lex iuberet, nisi esset voluntas*, Ep. 177.5.

46   *Summa Theologica*, q.90, art.4.

47   En un sentido similar se lee en las Siete Partidas que la ley es un acto de razón. Así, en la Partida Primera, T.1: "En estas razones que se muestran todas las cosas cumplidamente según son, en el entendimiento que han sido llamadas leyes".

48   Esta afirmación debe ser matizada. En su comentario acerca de la *Ética* de Aristóteles (Eth.V, l.12, pr.) nos señala que entiende por *ius* la justicia: *"juristae… nominat jus quod Aristoteles justum nominat"* (los juristas llaman *ius* a lo que Aristóteles llama justicia). En este sentido, Santo Tomás termina por equiparar justicia y derecho, confundiendo una cosa con la otra. Vid: Strauss (1952), l.3515.

Tomás lo llevan a centrar la fuerza de la ley en la razón, cuando este es un atributo del derecho en general.

Históricamente, la idea de entender las decisiones del poder como una fuente del derecho es bastante antigua, aunque no por ello es común a todas las culturas. Si seguimos las ideas de Westbrook (2015) sobre la continuidad de los modelos codificatorios desde el Medio Oriente hasta la cuenca del Mediterráneo, parece ser el resultado de un largo proceso de difusión cultural. En efecto, en muchas sociedades primitivas, la idea de ley, como acto emanado del poder político con consecuencias jurídicas, simplemente no existe. El derecho parece originarse en costumbres ampliamente aceptadas y, la mayor parte de las veces, respaldadas por el prestigio personal o religioso de quienes las enuncian. Así sucede en la Roma anterior a las XII Tablas, donde el derecho aparece respaldado por la *auctoritas* de los pontífices, o en Grecia, donde son los dioses los que comunican a los hombres la idea de la justicia. En estas sociedades los poderes políticos son meros aplicadores del derecho consuetudinario, sin facultades para crear un derecho nuevo.

Los primeros aparatos jurídicos que conocemos cuyo origen se encuentra en el poder político están en Mesopotamia, como el Código Ur-Nammu, del siglo XXII a.C., el Código Lipit-Ishtar, del XXI a.C., el Código de Eshnunna, del XVIII a.C. o el celebérrimo Código de Hamurabi, del XVIII a.C. Los dos primeros están redactados en sumerio, mientras que el tercero y el cuarto en acadio. Por sus similitudes podemos decir que todos pertenecen a la misma familia y, aunque durante la primera mitad del siglo XX se pensaba que eran claros ejemplos de legislación de la Edad del Bronce, hoy esta idea se ha relativizado[49]. Parece ser que son todos frutos de una tradición científica sumeria donde grupos de casos fueron despojados de sus atributos individuales para darles una redacción abstracta al estilo de normas, con un antecedente y un consecuente (Si "x", luego "y"). Luego fueron agrupados por materias y se les fueron agregando diferencias específicas a cada uno de ellos para cubrir la mayor variedad de problemas posibles conformando listas. Este estilo no es específico del derecho sumerio, sino que común a todas las ciencias de dicha civilización. Algunas de estas listas fueron fijadas en documentos de origen real, como el Código Lipit-Ishtar o el Código de Hamurabi, los cuales recogerían la tradición jurídica preexistente. Incluso, Wetsbrook especula que no tendrían

---

49   Westbrook (2015), l.4935.

un valor generalmente obligatorio, en el sentido que dichos documentos no son citados en ninguno de los abundantes documentos jurídicos que nos ha legado el Creciente Fértil. Aparentemente, su valor derivaba de su autoridad científica antes que de su origen real.

Sea como fuere, el problema de la vigencia y fuerza obligatoria de dichos instrumentos es complejo, toda vez que la vigencia de las órdenes reales estaba relacionada con la existencia de quien otorgaba dichas órdenes. Así, una orden tenía validez mientras quien la hubiese emitido permaneciese en el poder, pero una vez que hubiese caído o muerto, sus actos ya no tenían eficacia. Así, los tratados en la Edad del Bronce debían renovarse cuando los gobernantes cambiaban, puesto que la fuerza vinculante de una orden no duraba más allá de los días de quien la emitía. En síntesis, una declaración de voluntad tenía la misma permanencia que el declarante. La fuerza de una ley estaba en el poder de su autor, no existiendo verdaderamente una separación entre uno y otro.

Recordemos que la Edad del Bronce es una cultura esencialmente oral. Aunque la escritura existía, esta era conocida por un porcentaje despreciable de la población, por lo que el valor de los actos estaba en la palabra hablada. El texto escrito no era más que la constancia del acto oral y la ley, por tanto, no tenía independencia conceptual respecto del legislador.

Hacia el siglo VIII a.C. comienza a superarse esta dificultad y aparece un tipo de legislación que es capaz de superar en vigencia la existencia de un legislador específico. Las leyes hebreas del Éxodo y el Deuteronomio, pertenecientes a la tradición cultural del Creciente Fértil, se presentan como actos inspirados por un legislador permanente, que puede asegurar su vigencia por siempre.

En la tradición griega, encontramos a los primeros legisladores en esta misma etapa histórica (s. VII a.C.). De hecho, el primer documento legislativo griego que conocemos, la ley de Dreros, corresponde a una redacción abstracta que fija la duración y responsabilidad de los magistrados (*kosmoi*) de la ciudad[50]. Esta norma parece construida para durar independientemente del legislador, y se presenta como un paso conceptual importante. Los grandes legisladores griegos, Licurgo, Dracón y Solón, también parecen ser capaces de entregar normas cuya duración no se vincula a su voluntad particular. En

---

[50]   Fornara (1998).

muchos casos, para lograr este efecto, se utilizan subterfugios religiosos, como promesas públicas y la aprobación divina, cuestiones que se mantendrán en la tradición posterior. Así, por ejemplo, Solón hace prometer a los atenienses que preservarán sus leyes hasta que vuelva de su viaje, luego de lo cual emprende un recorrido de autoexilio sin retorno a la ciudad.

Para el caso romano, las primeras leyes que conocemos pueden atribuirse a la segunda monarquía, esto es, al período de la monarquía etrusca en Roma. En efecto, Tarquino Prisco y Servio Tulio son presentados por la tradición como reyes legisladores y los actos imputados a sus gobiernos permanecen en vigencia siglos después de la desaparición de la monarquía en Roma. De esta época es la famosa *lapis niger*, una estela encontrada en el Foro que parece contener una ley sagrada. En todo caso, el procedimiento para aprobar las disposiciones de los reyes no es claro, toda vez que la tradición no contempla ninguna asamblea con poder para aprobarlas. Los comicios curiados o calados tienen poder para pronunciarse sobre testamentos, adopciones y otras materias similares, pero nada se dice de leyes. Los comicios centuriados, que sí tenían esta virtualidad, son obra de la propia legislación real.

El mecanismo de aprobación de las leyes romanas por parte de los comicios parece ser una expresión del carácter de promesa pública que tenía la legislación. En efecto, su aprobación tenía una estructura de pregunta y respuesta similar a las esponsiones y estipulaciones del período central, y su vigor parece encontrase en la participación de todos los poderes de la ciudad en ella. De esta manera, Papiniano define la ley como una *communis rei publica sponsio* o promesa común de la república (D.1.3.1) y el valor de los plebiscitos es cuestionado, puesto que los patricios no han participado en ellos (Gai 1.3).

Durante la República temprana, la ley ya se encuentra claramente escindida del legislador y se ha transformado en un instrumento jurídico autónomo. Las leyendas sobre la malignidad de los decenviros parecen confirmar dicha idea, donde unos legisladores perversos son capaces de entregar normas jurídicas válidas. Aunque el contenido de las XII Tablas parece influido por las tradiciones sumerias de la Edad del Bronce, ellas presentan una independencia conceptual respecto a la persona que las dicta, lo que las convierte en una herramienta plenamente moderna. La ley podrá ser la manifestación de la voluntad de un déspota, pero adquiere un valor independiente del mero querer de su emisor. Según las formas políticas de Roma varíen, se comenzará a dar fuerza de ley –*legis potestas*– a diferentes instrumentos políticos que sean más dúctiles a los designios de los emperadores. Así, Augusto utiliza los senadoconsultos como instrumento legislativo, mientras que Adriano ya no se valdrá de dicho subterfugio y dirá que, puesto que el príncipe es inaugurado por ley (la *lex de imperio*), sus actos tienen valor de ley. Durante la etapa tardía las constituciones imperiales tendrán plena fuerza vinculante y serán conocidas como leyes, revistiéndose del prestigio de los viejos instrumentos republicanos. Justiniano, incluso, transformará todo el derecho romano en una ley, esto es, en una manifestación de su voluntad. Reunirá en el *Corpus Iuris* todas las constituciones imperiales anteriores (*Codex*), toda la doctrina jurídica (*Digesto*) e incluso le agregará un librillo de enseñanza básica del derecho (*Instituciones*). Este texto, el *Corpus Iuris*, tendrá, en su totalidad, forma de ley y será aprobado por Justiniano *Deo auctore* (con la autoridad de Dios).

Durante la tradición posterior, la idea de ley va a cambiar e, incluso, estuvo a punto de desaparecer de la tradición jurídica occidental durante la Alta Edad Media, un período donde la ausencia de poder político hizo que las leyes se convirtiesen en una memoria del pasado. No obstante, durante la Baja Edad Media, con la construcción de los embriones de los futuros estados modernos, la ley reaparecerá vestida del prestigio de la ciencia jurídica romana y garantizada por el poder de los príncipes. Santo Tomás discute su valor y origen en un mundo donde las leyes propiamente tales son raras aún, pero el mundo del futuro será el tiempo de las leyes.

La idea de soberanía nace en los albores de la Edad Moderna. Se imputa su creación a Jean Bodin, un importante pensador político del siglo XVI, en su forma clásica, donde aparece como el poder del Estado. Este, como tal, es ilimitado e inescindible, toda vez que se ejerce como un todo. Hobbes la estima como una construcción coesencial a la formación del Estado, puesto que para construir a esa bestia mitológica llamada *Leviathan* todos los hombres deben renunciar a sus derechos naturales y permitir que sea este quien detente el poder absoluto.

Dentro de esta tradición es que la ley aparece como una expresión de la voluntad del soberano, cuyo poder último sería el de dar leyes, existiendo otros poderes encargados de ejecutarlas (poder ejecutivo) y de juzgar de acuerdo a ellos (judicial), dentro de la teoría clásica de Montesquieu. Es aquí donde nos reencontramos con la idea de declaración de la voluntad soberana de Bello.

En el parecer de la Ilustración, la soberanía ya no es un poder que detente ningún sujeto en particular, sino que es el elemento constituyente del Estado en general y está relacionada con la independencia. Un Estado es soberano si no recibe leyes de otro. En caso de hacerlo, reconoce autoridad ajena a la suya propia y, por tanto, ejerce su soberanía legislando y ejecutando sus propias leyes. La capacidad normativa es consustancial al Estado, su elemento definitorio, por lo que todo Estado tiene el poder de otorgar leyes que deben ser generalmente obedecidas.

La ley, dentro de este contexto, adquiere un prestigio democrático, toda vez que si la soberanía es ejercida por el pueblo, la ley será la voluntad general del pueblo, construida para su propio bien. Las nacientes repúblicas del siglo XIX intentarán que su derecho completo sea ley, porque esta sería la única manera de dar un talante democrático a su dimensión jurídica.

En este sentido, el creciente prestigio de la ley como fuente del derecho implicó la dilución de las demás fuentes del derecho en los códigos civiles de la edad clásica de la codificación. En efecto, todos los códigos decimonónicos le asignan un papel preponderante, mientras que las demás fuentes del derecho aparecen supeditadas a ella, como la jurisprudencia doctrinaria, a la cual se le retira toda fuerza vinculante, y la judicial, que en Chile solo tiene valor en las causas donde actualmente se pronunciaren (art. 3° CC); es decir, no tiene carácter de fuente del derecho objetivo. Al respecto, Portalis señala que los jueces deben aplicar las leyes y tienen prohibido interpretarlas, pues tal función solo toca al legislador[51].

Durante el curso del siglo XIX, el predominio de la ley dio lugar al surgimiento de los primeros positivismos históricos, como la Escuela de la Exégesis. Esta, así denominada a comienzos del siglo XX, intentaba la construcción de una ciencia jurídica centrada en el Código Civil y, en último caso, en la ley. Basaban su interpretación del derecho en el valor formal de la ley e, incluso, manifestaban cierto orgullo en el hecho que sus interpretaciones fuesen siempre discusiones sobre la textualidad del Código. Aprovechando el orden institucional de los Códigos, enseñaban Derecho civil en el estricto orden del Código, comentando oportunamente los artículos con reflexiones más o menos profundas según la calidad científica del intérprete. Incluso, los cursos de Derecho civil cambiaron de nombre y se comenzaron a llamar cursos de Código Civil (en Chile en 1865). La expresión más clásica de este espíritu la da una frase atribuida a Bugnet (un cierto profesor de la segunda exégesis que compuso comentarios para las obras completas de Pothier): "yo no conozco ni enseño el Derecho civil, solo conozco y enseño el Código Civil".

---

[51]   Portalis (1978), 42.

El culto a la ley fue un atributo propio de la academia del siglo XIX, donde se llegó a decir que no importa si la ley es irracional, porque obliga por el hecho de ser ley. Así, Amunátegui Reyes expresa que "no importa que se diga que la ley es injusta, inicua, absurda: no importa aun que se alegue que es inconstitucional; pues, en todo caso, tendrá que ser obedecida: *sic scripta est*"[52].

Es en esta etapa que encontramos un extraño renacimiento, el del legislador. En principio, la ley es una declaración de la voluntad soberana, por tanto, su contenido se encuentra en esa voluntad soberana que la ha expresado. De ahí que la interpretación se encuentra centrada en la idea de desentrañar el contenido de dicha voluntad. Obviamente, la existencia de una interpretación auténtica (dada por el propio legislador), es la manera más simple de averiguarla. De ahí que el art. 3° del Código Civil nos diga que "solo toca al legislador explicar e interpretar la ley de un modo generalmente obligatorio". No obstante, en el más común de los casos, esto es, cuando el legislador no ha dado interpretación alguna, la pregunta queda en el aire. El artículo 5° del Código Civil propone que la Corte Suprema y demás Cortes de alzada den cuenta al Presidente de la República de las dificultades que encuentren cada año al interpretar la ley, de manera que este pueda preparar los proyectos legislativos necesarios, aunque esta solución nunca ha sido eficiente. La escuela de la exégesis creó, para estos efectos, la figura interpretativa del legislador, un personaje algo oscuro cuya intención estaría manifestada en sus leyes y que debemos averiguar a fin de dar sentido a sus disposiciones. Así es como el mundo jurídico se lanzó en una extraña operación espiritista a fin de intentar conocer la voluntad del legislador, un personaje incognoscible con quien nadie se ha tomado una taza de café –que yo sepa–. Sin una *ouija* apropiada, es muy difícil dar con él, sobre todo si se piensa que las leyes son fruto del esfuerzo colectivo de muchas personas, cuyas intenciones son distintas entre sí.

Afortunadamente para los ocultistas, en Chile el Código Civil fue, en su mayor parte, obra de una persona, don Andrés Bello, de manera que intentar la operación de espiritismo era conocer sus intenciones particulares. Nuestro libros de derecho se llenaron de "genialidades de Bello", cada vez que un profesor creía descubrir entre las disposiciones del Código sus propias opiniones sostenidas por él. El culto a la ley se transformó en el culto al legislador, y este

---

52   Amunátegui Reyes (1891), 274.

se encarnó en Bello, una suerte de mesías de una curiosa teología jurídica. Más de alguna vez, algún cándido estudiante, e incluso algún irreflexivo profesor, se han lamentado porque Bello escribiese tan poco (como si veintitantos tomos de obras completas no fuesen suficientes), puesto que si hubiese escrito más, no tendríamos necesidad de tantas discusiones en Derecho privado.

El culto a la ley como declaración de voluntad, implicó el culto al emisor de dicha voluntad y este elemento permanece vigente en nuestro sistema jurídico mucho tiempo después de la desaparición de la escuela de la exégesis.

b. *Ley y Constitución*

Uno de los elementos más llamativos de la definición de ley de Andrés Bello, es que incorpora la necesidad de ser dictada de acuerdo al procedimiento establecido en la Constitución. Las fuentes precedentes de Andrés Bello no suelen indicar esta necesidad[53]. La idea parece venir de Delvincourt, quien señala[54]: "*Ce qui y est appelé proprement Loi, est un acte du Pouvoir législatif, rendu dans les formes prescrites par la Charte constitutionnelle*" ("Se llama Ley propiamente a un acto del poder legislativo, realizado según las formas prescritas por la Carta Constitucional").

En cualquier caso, llama la atención la presencia de este elemento que suele ser omitido en las definiciones de ley decimonónicas, donde usualmente uno encuentra una referencia a la voluntad soberana y, todo lo más, a los enunciados deónticos de mandar, prohibir o permitir. Así, la referencia a los procesos constitucionales para definir la ley parece ser un elemento original dentro de la teoría jurídica de Andrés Bello.

Efectivamente, la ley –como mecanismo de creación de normas jurídicas– requiere, para su promulgación, de la sujeción a los procesos constitucionales. En caso de no ceñirse a ellos, la sanción consiste en que tal acto no podrá ser considerado como ley y su existencia será un mero hecho que no se integre al mundo del Derecho, es decir, importa su nulidad. Como tal, el elemento de la definición en comento hace referencia a las normas de validez que deben respetarse en el proceso nomogenético (proceso de creación de la ley), ante cuyo quebrantamiento la norma no llega a nacer al mundo jurídico. En este sentido, la nulidad resultante parece más una consecuencia lógica de la desviación procedimental, antes que una sanción en el sentido estricto y coactivo de la doctrina positivista clásica. El análisis de Hart de las normas de segundo grado o validantes parece acertado a la hora de analizar las leyes (aunque no necesariamente a todo el conjunto de fuentes del derecho).

La voz "nulidad" proviene del latín *nullum*, esto es, "nada". Significa que determinados actos, por contravenir el derecho en sí mismo, no pueden

---

[53] Así, el *Code Napoléon* no define la Ley, como tampoco lo hacen la mayor parte de los códigos de su época. La única definición legislada de la época se encuentra en el *Code Louisiana* art. 2: "*Legislation is a solemn expression of legislative will*".

[54] Delvincourt (1834), 9.

producir consecuencias que sean reconocidas dentro del derecho. De esta manera, cierto tipo de *leges* en Roma, las *perfectae*, tenían aparejadas, para el caso de su quebrantamiento, dicha nulidad. La idea que los actos que no siguen los procesos de validación constitucionalmente establecidos no tienen existencia jurídica se encuentra reforzada por una disposición expresa de la Constitución, que en su artículo 7° señala, en su inciso tercero, que todo acto en contravención a dicho artículo (que fija la necesidad de investidura regular y de actuar dentro de las competencias constitucionalmente establecidas) es nulo y origina las responsabilidades y sanciones que la ley señale. Aunque hubo cierta vacilación a la hora de entender a qué clase de nulidad se refería el precepto, hoy por hoy, parece claro que la sanción establecida por la Constitución para la actuación fuera de procedimientos y atribuciones de los órganos del Estado, no puede ser otra cosa que una nulidad radical e imprescriptible, toda vez que estamos ante actos que no han llegado a nacer en el mundo del derecho. A esta nulidad se la denomina "nulidad de Derecho público" y es diversa a otros tipos de nulidad que existen en nuestro ordenamiento jurídico, que sí pueden ser saneadas por la prescripción.

La Constitución se entiende como un instrumento jurídico que fija los poderes de los órganos del Estado, organizando la República. Hoy en día suele ser un instrumento legislado único, aunque en algunos casos no es así, como en Inglaterra que entiende por su Constitución un conjunto de usos, leyes y costumbres. También en Roma se entendía por Constitución el conjunto de usos, leyes y costumbres del pueblo romano y, aunque conocían la técnica de fijación legislada de las atribuciones de los órganos del Estado, como ellos mismos hacían con sus colonias y municipios (así, la *lex Irritana* y la *lex Salpensana* parecen verdaderas constituciones), no se aplicaron a sí mismos tal idea. En efecto, ya Cicerón en *De República* se muestra bastante orgulloso de que su Constitución no sea fruto de las especulaciones filosóficas de algún legislador, sino de un largo proceso histórico. Incluso en Roma existían mecanismos para asegurar que las leyes propuestas por los magistrados y aprobadas por el pueblo se conformasen a los usos y costumbres constitucionales romanos. A cada ley, el Senado debía prestar su *auctoritas* para que esta tuviese validez. En caso que la ley no estuviese conforme con las tradiciones del pueblo de Roma (los *mores maiorum*), el Senado podía no prestarle su *auctoritas* y, en ese caso, no tenía valor. Hasta comienzos del siglo III a.C. el Senado analizaba la ley luego que esta había sido aprobada por los comicios, lo cual lo transformaba en un órgano netamente contramayoritario y fue origen de importantes tensiones dentro de la sociedad romana. Por ello, a fin de prevenir la pérdida de prestigio del Senado, es que se cambió el momento en el cual este debía prestar su *auctoritas* y pasó a brindarla a las *rogationes*, es decir, a las propuestas que iban a ser presentadas al pueblo y no a las leyes ya aprobadas. Con ello, el control de constitucionalidad se mantuvo, pero su carácter contramayoritario se desestimó.

El constitucionalismo moderno del siglo XIX trajo nuevamente a colación el problema de control de la constitucionalidad de las leyes. El problema consiste, básicamente, en cómo controlar que las disposiciones aprobadas por el poder legislativo respeten, efectivamente, tanto las formas como los contenidos establecidos por la Constitución. Es cierto que la definición de Bello se refiere solo a las formas establecidas por la Constitución como requisito para la validez de las leyes, es decir, fija la necesidad de existir normas de validez y de reconocimiento en el proceso nomogenético, pero la Constitución no es solo una norma dinámica (en nomenclatura kelseniana), que fija procedimientos que se deban seguir, sino que también es una norma estática, que fija valores y principios de los cuales se pueden deducir derechos aplicables. Esta inconstitucionalidad de fondo, fundamentada en que la ley transgrede los derechos, valores y principios contenidos en la Constitución, es más difícil de detectar y requiere de un procedimiento valorativo complejo para establecer si es que los derechos incluidos en la Constitución tienen algún contenido específico y, en ese caso, si las leyes aprobadas transgreden esos contenidos.

Para realizar tal valoración hay dos alternativas. Una, es dejar que los tribunales ordinarios determinen la constitucionalidad de las leyes, lo cual implicaría, desde el punto de vista de la separación de poderes, una interferencia del poder judicial en las labores del legislativo. La otra, es establecer un órgano co-legislador que realice tal función. El poder ejecutivo, teóricamente, solo ejecuta el contenido de las leyes y no tiene poder para crearlas o invalidarlas, por lo que, en principio, quedaría fuera de las posibilidades, salvo en caso que lo estime un colegislador.

La primera alternativa fue aplicada en el clásico caso de la jurisprudencia norteamericana Marbury vs. Madison, de 1803. Este, seguramente el caso más importante de la historia jurídica estadounidense, es un curioso ejemplo de oportunismo político. En 1800 el republicano Jefferson derrotó al entonces presidente federalista Adams en las elecciones presidenciales. A fin de limitar las posibilidades políticas de Jefferson, Adams, justo antes de expirar su mandato, procedió a nombrar una pléyade de jueces federalistas, entre ellos, al presidente de la Corte Suprema, John Marshall. Sin embargo, entre sus nombramientos, quedaron 42 jueces de paz para el Distrito de Columbia, quienes, por un descuido, no recibieron sus respectivas actas de nombramiento por el gobierno saliente. Indignado por la jugada del gobierno anterior, el Secretario de Estado de Jefferson, James Madison, no firmó las actas de nombramiento, dejando a dichos jueces en una extraña posición. Uno de los jueces, William Marbury, recurre a la Corte Suprema a fin de que esta ordene a Madison entregar las actas, amparándose en una ley que facultaba a tal tribunal para ordenar dicho acto al ejecutivo. La posición de la Corte era sumamente incómoda y, como si de Chile se tratase, la solución de la Corte Suprema fue particularmente hábil en evadir la responsabilidad de sacar con sus gatunas manos las castañas del fuego. Declaró que la ley que facultaba a la Corte Suprema para ordenar al gobierno la entrega de las actas era inconstitucional, por dar más competencias a la Corte Suprema que aquellas establecidas por la Constitución y, ante ello, era nula. La Corte Suprema razonó que la voluntad suprema original del pueblo norteamericano estaba expresada en la Constitución y que estableció funciones para los distintos poderes del Estado, no pudiendo luego ser alterados dichos poderes por una ley subsecuente. En caso contrario, la Constitución no sería superior a la legislación ordinaria, puesto que podría ser cambiada o modificada por actos legislativos ordinarios. Termina su razonamiento señalando que *"an act of the legislature repugnant to the constitution is void"* (un acto legislativo repugnante a la constitución es nulo), en una redacción muy similar a la del artículo 7° de nuestra Constitución. Dicho fallo sirvió de base para la instauración de un sistema de control de constitucionalidad, llamado "judicial", por ser realizado por dicho poder del Estado, de carácter concentrado llevado adelante por la Corte Suprema Norteamericana que, gracias al sistema de los precedentes y al *stare decisis*, tenía efectos *erga omnes* o permanentes.

Dicho fallo sirvió de inspiración para muchos sistemas jurídicos y se aplicó también parcialmente en Chile durante el siglo XX. La comisión encargada de redactar la Constitución de 1925, instituyó el recurso por indicación del propio presidente Arturo Alessandri[55]. De este modo, la Corte Suprema fue dotada de la facultad de pronunciarse respecto de la constitucionalidad de las leyes que atañesen una causa que se ventilase actualmente mediante

---

[55] Saenger (2003), 412.

un recurso especial. Sin embargo, por los efectos relativos de las sentencias, dicha inconstitucionalidad se declaraba exclusivamente para la causa que la Corte actualmente conociese y no tenía efectos *erga omnes*.

En la teoría constitucional clásica, a fin de mantener la separación de poderes y producto de la sempiterna desconfianza hacia los tribunales de justicia en los sistemas post-revolucionarios, era el Senado quien realizaría dicho control, al tratarse de un cuerpo colegislador. En efecto, en Francia, la Constitución Consular de 1799 establecía un órgano colegislativo llamado Senado Consular, que podía pronunciarse sobre la constitucionalidad de las leyes. Igualmente, la cámara de los lores inglesa tenía a su cargo poderes judiciales que le permitían llevar adelante dicha función. No obstante, la naturaleza política de los senados y del proceso electoral que fundamenta su composición, los hace escasamente eficientes a la hora de realizar un control constitucional.

En este contexto es que durante la primera mitad del siglo XX, con Kelsen entre sus principales defensores, se genera la idea de crear un órgano encargado de aplicar la justicia constitucional, el que será conocido como Tribunal Constitucional. Entre sus funciones estaría la revisión de las leyes en lo relativo a su conformidad con la Constitución, tanto en aspectos formales como de fondo. Dicho órgano fue creado en la Alemania Federal y desde entonces lleva a cabo un control constitucional de efectos *erga omnes* y ha sido adoptado por diversos ordenamientos jurídicos. Aunque con facultades bastante limitadas, con la Constitución de 1980 dicho organismo se integró a la institucionalidad chilena y en la reforma de 2005 se le confirieron amplias facultades para realizar un control constitucional *ex post* a las leyes dictadas en el país, tanto en sus aspectos formales como de fondo y con efectos *erga omnes*. El antiguo recurso de inaplicabilidad quedó entregado también a su conocimiento. Sus particularidades pertenecen al Derecho constitucional, por lo que baste con lo dicho.

Al igual que sucedió con el viejo Senado republicano, el Tribunal Constitucional se ha visto enfrentado a una creciente crítica por su labor de control constitucional contra mayoritario. En efecto, el Tribunal Constitucional está condenado a revisar leyes que cuentan con un respaldo amplio de la ciudadanía y, muchas veces, a declararlas inaplicables por su disconformidad con la Constitución. Esto, por supuesto, genera críticas y dudas, toda vez que parece discutible que un órgano del Estado cuyos miembros no han sido elegidos por elecciones populares tenga la legitimidad suficiente como para echar por tierra los esfuerzos de autoridades democráticamente elegidas. No obstante, puesto que su interés es la defensa de la Constitución misma y su vigencia, buenamente puede defenderse el rol de la institución, toda vez que la salvaguarda de la Constitución y su aplicabilidad, implica la defensa del orden jurídico mismo en que se funda el Estado de Derecho. En pocas palabras, aunque la legitimidad del Tribunal pueda ser cuestionable, su función resulta tan fundamental que su desaparición implicaría un debilitamiento institucional de gran magnitud.

Ahora bien, hasta aquí parece claro que las leyes deben sujetar su procedimiento generativo y contenido a la Constitución para tener validez. En todo caso, el problema se hace más agudo una vez que uno abandona el plano inferior y asciende en la pirámide normativa kelseniana para preguntar por el estatuto de la Constitución en sí, toda vez que ella misma es una ley.

En principio, la Constitución es una ley y, como tal, también debiese tener un procedimiento que la validase. Ahora bien, por encontrarse en la cúspide del sistema normativo positivo y no existir ninguna norma de rango superior que prescriba su mecanismo validatorio, el problema se torna un tanto insoluble. En cierta medida, el problema constitucional recuerda la anécdota de Russell sobre el sabio que postulaba que la tierra se apoyaba sobre cuatro tortugas. Al preguntársele sobre qué se apoyaban las tortugas, decidió cambiar de tema. La Constitución es similar. Así como las leyes provienen del poder legislativo, suele señalarse que existiría un poder constituyente que es capaz de generar normas constitucionales en la medida que se respete algún procedimiento preestablecido. Este poder puede ser originario o derivado. En principio, la mayor parte de las Constituciones modernas contemplan mecanismos de modificación, de manera que si lo que se pretende es cambiar alguna de sus disposiciones, el propio instrumento suele contemplar un procedimiento para realizar tal labor. En ese caso, se dice que opera el poder constituyente derivado, puesto que "deriva" de la propia Constitución y es, en este sentido, una delegación del constituyente original. Los mecanismos de reforma constitucional suelen ser complejos y exigentes, de manera que la constitución no sea fácilmente modificable y que se distinga de las simples leyes. No obstante, la mayor parte de las constituciones no suele establecer mecanismos para su modificación total o reemplazo, y en caso de regular tales situaciones, muchas veces son obviados a la hora de redactar modificaciones de tal magnitud que resultan en una nueva constitución. En ese caso se habla de un poder constituyente originario, que no estaría atado por las regulaciones del viejo constituyente al ser la manifestación última de la soberanía nacional. Su poder, al ser la soberanía en sí, no tendría límites, lo cual nos lleva a las viejas teorías del poder de Bodin, donde el *dictum* ulpianeo de *princeps legibus solutus est* suena con fuerza.

El poder constituyente originario nos resulta poco simpático, toda vez que suele ser consecuencia de una asonada militar, de una revolución triunfante o de cualquier otra catástrofe política. Se expresa en momentos en que la norma básica kelseniana sería reemplazada y dejaría de decir, "obedezca a *x*", cambiado por "obedezca a *y*". Su temible fundamento es siempre fáctico, un cambio en la estructura política general que implica la reorganización del poder en una sociedad. En Chile, su ejercicio es más bien raro, y la mayor parte de nuestras constituciones han sido presentadas como reformas de otras anteriormente vigentes. Así, la de 1833 fue una reforma de la de 1828 y la de 1925, también lo fue respecto de la de 1833. No obstante, su ejercicio infrecuente no suele llevar consigo las consecuencias telúricas que un cambio de norma básica debiese implicar, si es que el derecho fuese verdaderamente un sistema jerarquizado formado por normas dependientes las unas de las otras en una escala validatoria. En efecto, el ejercicio de dicho poder rara vez toca algo más que la propia Constitución, mientras que el resto de las normas jurídicas que componen el derecho suele permanecer incólumes. La razón es que, probablemente, el derecho no es tan sistemático como el positivismo clásico quiso creer, y las normas consideradas válidas en un momento siguen en vigencia, aunque los fundamentos de su validez hayan cambiado o ya no existan.

c. *Manda, prohíbe o permite*

La parte final de la definición da cuenta de los clásicos significados deónticos que las normas pueden implicar: un mandato, una prohibición o una permisión. Como ya hemos señalado antes, la frase proviene, en último término, del *dictum* de Modestino que señala: *lex virtus haec est imperare vetare permittire punire* (D.1.3.7 Modestinus, *Liber secundo regularum*) ("La virtud de la ley es esta: mandar, prohibir, permitir o castigar"). La voz castigar (*punire*) fue suprimida del texto de Bello por considerarse que dicha función, la coercitiva, se encuentra implícita en las demás sin constituir una función distinta de las otras. En efecto, en su obra *Principios de Derecho Internacional* (p.12) señala: "Toda ley supone una sanción, esto es, una pena que recae sobre los infractores".

En todo caso, como ya hemos señalado antes, todas las funciones deónticas pueden reducirse a un sistema binario de permisiones. Mandar es permitir una conducta y no permitir la contraria, mientras que prohibir es simplemente no permitir una conducta. En este sentido, el significado deóntico básico de las leyes consiste en la permisión y su negación. Así, las consecuencias coercitivas de la norma se vinculan a la no permisión, mientras que la permisión en sí misma no tiene una consecuencia coercitiva directa, sino que su transgresión puede implicar la una sanción pecuniaria (*leges minus quam perfectae*, en terminología romana), la nulidad (*leges perfectae*) o simplemente no tienen directamente asociada una sanción (*leges imperfectae*). Las leyes permisivas más interesantes son naturalmente las que regulan la creación de otras normas y se denominan normas de validez.

En torno a este problema se suele plantear la cuestión del conocimiento de la ley y su fuerza obligatoria. Durante el siglo XIX se discutió la existencia de un vínculo entre la fuerza obligatoria de la ley y su conocimiento por parte de los afectados por ella. Esto, especialmente, porque en ciertos casos el derecho romano permitía excusarse del cumplimiento de determinadas normas a personas que probablemente no tenían la oportunidad de informarse adecuadamente sobre su contenido.

El problema está tratado en el título sexto del libro vigésimo segundo del Digesto, donde se distingue entre el error que puede recaer en los hechos y el ignorar el derecho. En principio, para los juristas del Principado, un error en los hechos puede resultar excusable y, por tanto, tener efectos en el nacimiento o ejecución de una obligación. Entre tanto, el errar en el derecho o el ignorarlo no exime de la necesidad de cumplir las obligaciones establecidas en él: *Regula est iuris quidem ignorantiam cuique nocere, facti vero ignorantiam non nocere* (D.22.6.9.pr. *Paulo, libro singularis de iuris et facti ignorantia*). Esto, especialmente dado que uno de los deberes de un ciudadano es justamente conocer el Derecho civil y que este no consiste en una cantidad amplísima de normas, sino más bien en un conjunto finito de ellas, a diferencia del Derecho natural y de los hechos[56].

En todo caso, existían ciertas personas de las cuales se les permitía alegar ignorancia del derecho para evitar verse perjudicados por sus propios actos: los menores de veinticinco años y las mujeres (D.22.6.9.pr). Debe señalarse que ambos eran beneficiarios de una *in integrum restitutio* para cualquiera de los actos que ejecutasen por sí mismos, de manera que siempre podían retrotraer los efectos de los mismos y liberarse de las consecuencias perjudiciales que estos les irrogasen. En una situación similar estaban los rústicos, las personas que vivían en el campo, quienes también podían eventualmente beneficiarse de tal *in integrum restitutio*. El fundamento que Paulo alega para tal institución es que les está permitido ignorar el derecho (*ius ignorare permissum est*), aunque en la práctica no tenían que alegar ninguna causa para solicitar dicha institución.

Desde este problema, que es esencialmente de Derecho privado y de cumplimiento de obligaciones, durante el Período Tardío se pasa a incorporar un deber general de conocimiento de las leyes (entendidas ahora como constituciones imperiales). Así, los emperadores Valentiniano y Marciano establecen que las sagradísimas leyes que constriñen la vida de todos deben entenderse conocidas por todos[57]. Es cierto que ya desde el período arcaico, tal vez por influencia de los modelos mesopotámicos, las leyes republicanas se solían hacer grabar en madera o bronce y se exponían públicamente, aunque, aparentemente, este era un mecanismo para hacerlas conocidas, no un requisito de validez. La tradición dice que Calígula habría publicado sus leyes en caracteres diminutos y desde lo alto de una torre, dando cumplimiento

---

56　D.22.6.2 *Neratius, Libro quinto membrarum. In omni parte error in iure non eodem loco quo facti ignorantia haberi debebit, cum ius finitum et possit esse et debeat, facti interpretatio plerumque etiam prudentissimos fallat.*
　　Al respecto, señala Portalis que "si la previsión del legislador es limitada, la naturaleza es infinita" (Portalis, p. 38). Para los aspectos romanos, véase: Winkel (1985), 43 y ss.
57　C.1.14.9 *Leges sacratissimae, quae constringunt omnium vitas, intellegi ab omnibus debent.*

formal a este requisito, mas no material. En cualquier caso, ni el conocimiento del derecho era, en sí mismo, un requisito para la vigencia de la norma, ni su falta de publicidad la invalidaba.

Es durante la Ilustración, y al calor del Iluminismo, cuando la idea del conocimiento de la ley y su publicidad vuelve a tomar importancia. Ya en 1767 en España, por auto acordado se señala que la ley obliga desde que ha sido publicada por pregón o bando[58]. Esto porque la ley, al ser un producto de la razón fundamentado en la soberanía, tendría la función pedagógica de enseñar a los hombres su correcta conducta como ciudadanos. La ley se transforma en un instrumento pedagógico y los códigos de la edad clásica de la codificación intentarán cumplir esta aspiración redactándose en un lenguaje sencillo, teóricamente accesible a los miembros cultos de la comunidad. Como parte de este proceso es que las leyes comienzan a publicarse en el diario, como medio de darles publicidad. Así, se llegó a señalar que "las leyes no pueden obligar sin ser conocidas"[59]. Asimismo, Delvincourt, jurista de la primera Exégesis que influyó fuertemente a Bello en relación a sus ideas sobre la Ley, nos señala que las leyes positivas no son naturalmente conocidas por los hombres, sino que son *comme des faits que l'on peut ignorer, et ne sont en conséquence obligatoires qu'après avoir été légalement publiées*[60].

En consonancia, el Código de Bello estableció un sistema de vigencia escalonada de la ley a partir de su publicación en el periódico, sistema que finalmente fue modificado y reemplazado por su inserción en el Diario Oficial. Así, el Código Civil señala, en su artículo 7° que "La publicación de la ley se hará mediante su inserción en el Diario Oficial, y desde la fecha de este se entenderá conocida de todos y será obligatoria". Al mismo tiempo, señala en su artículo 8° que "Nadie podrá alegar ignorancia de la ley después que esta haya entrado en vigencia". Durante el siglo XIX y durante buena parte del siglo XX se entendió que esta norma fijaba una presunción de conocimiento de la ley, esto es, que una vez publicada, se presume que la ley es conocida por todos. Verdaderamente, esta manera de enfocar el problema es bastante extraña. Una presunción es establecer mediante una inferencia un hecho desconocido a partir de uno conocido. Así, si veo en la mañana el pavimento

---

58   Asso y Manuel (1806), CXXXVI.

59   Portalis (1978), 49.

60   Delvincourt (1834), 7.

mojado, presumo que llovió en la noche. No obstante, aquí, de un hecho conocido, la publicación de la ley en el Diario Oficial, no se establece ningún hecho desconocido (¿el conocimiento de la ley?), sino que simplemente se señala que su fuerza obligatoria no admite ninguna excepción. En pocas palabras, lo que se establece es que la ley obliga a todos desde su publicación, y poco más. Esto es consecuencia de la soberanía del Estado y su vinculación con algo tan subjetivo como el conocimiento de la misma constituye tanto un error técnico, como una innecesaria imprecisión. La ley obliga, no porque sea conocida ni porque se presuma su conocimiento, sino porque el Estado es soberano.

Ahora bien, conviene establecer en qué consiste exactamente la fuerza de la ley, a fin de cerrar el problema de los significados deónticos de la misma. En Roma, la fuerza de ley se entendía como el hecho que las leyes republicanas podían ser directamente invocadas ante el pretor para servir de base a una acción o excepción. En pocas palabras, si una ley establecía una prohibición de hacer algo (por ejemplo, la *lex Atinia* sobre la usucapión de las cosas hurtadas), dicha norma podía ser directamente invocada en la fase *in iure* como fundamento de una acción (obligando al vendedor de una cosa que se alega hurtada a defender al comprador), o como excepción (estableciendo que, aunque se hayan cumplido los demás requisitos de la *usucapio*, la institución no operará y no hará dueño al comprador). Ni los senados consultos (hasta la reforma de Adriano), ni la jurisprudencia (nuevamente hasta Adriano, en caso de ser opinión común) tenían tal poder, sino que esto era propio de las leyes. Así, cuando quiso darse fuerza vinculante a otros medios de producción de normas, como las constituciones imperiales, se dijo que estos tenían fuerza de ley[61]. En este sentido, que las leyes sean una fuente del derecho, para los romanos, significaba que al momento de juzgar un caso concreto, el hecho que una norma estuviese incluida en una ley, la hacía pertenecer automáticamente al derecho objetivo que el tercero institucionalmente establecido debía considerar para su pronunciamiento (y generación de *ius*).

Un sentido similar se mantiene en el artículo 1545 del Código Civil, que señala: "Todo contrato legalmente celebrado es una ley para los contratantes...", puesto que consagra la accionabilidad directa de todos los acuerdos

---

[61] Este es el vocabulario de Gayo, quien dice *legis vicem* para referirse a tal poder vinculante. Vid G. 1.4, 1.5 y 1.7.

válidamente suscritos por los contratantes. Esto no significa que los contratos sean leyes, cuestión bastante extraña e inaprehensible, sino que dentro de sus efectos relativos (entre las partes), son capaces de generar la misma accionabilidad que estas.

d. *Jerarquía y fuerza de ley. Tipos de leyes*

Existe un segundo sentido en que se puede examinar el problema de la fuerza de ley y tiene que ver con su jerarquía. Se puede estimar que la fuerza de ley está relacionada con la capacidad que tiene este instrumento normativo para imponerse por sobre otros instrumentos que también producen disposiciones. En este sentido, se suele hablar de una fuerza de ley activa, en cuanto la ley puede imponerse por sobre otros instrumentos normativos que existían en el pasado, y una fuerza de ley pasiva, en cuanto a que la ley no puede ser sobrepasada por nuevos instrumentos normativos que la contradigan. Este sentido de fuerza de ley es consecuencia de la estructura jerárquica del derecho, donde algunos instrumentos priman sobre otros, otorgándoles validez. Un instrumento de determinada jerarquía solo puede ser modificado o derogado por otro instrumento de la misma o superior jerarquía (fuerza de ley pasiva), y a su vez puede derogar o modificar a otros instrumentos que tengan su misma o inferior jerarquía.

La estructura jerárquica es una aplicación de la lógica de sistemas al derecho, en el sentido que si se estima que un conjunto (digamos el grupo de normas constituido por el derecho objetivo) forma un sistema (es decir, un grupo de partes que se dispone con un propósito específico), aquellos elementos que determinen la pertenencia al sistema tendrán un rango superior a los demás elementos del mismo. Así, entre las fuentes producidas por el poder político, puesto que la Constitución determina la pertenencia al sistema jurídico de las demás normas, esta será la norma superior. La ley, puesto que puede determinar la pertenencia al sistema de otros elementos, como los decretos y reglamentos, tendrá un rango intermedio, mientras que las circulares y demás elementos normativos del poder administrativo estarán al final de la escala.

A contar de la codificación y la teoría jurídica del siglo XIX, se comenzó a concebir al derecho como un sistema[62], especialmente tras la clásica obra de Karl Frederich von Savigny: *Sistema de Derecho Romano Actual*. Esto implicó que el principio de jerarquía se comenzó a aplicar al conjunto de fuentes del derecho, otorgándose a cada una de ellas un lugar preciso dentro de las mismas. La ley quedó como el instrumento normativo de carácter superior,

---

[62] Si bien es cierto que antes existían teorías que intentaban sistematizar el derecho en su conjunto, dicha idea recibirá aplicación general solo desde este momento.

pudiendo derogar o modificar a las demás fuentes (costumbre y jurisprudencia), sin que estas pudiesen hacer lo mismo con ella y, entre las normas emanadas del poder político, se estableció una clara jerarquía. No obstante, antes de la codificación esto no era así. En Roma no existía una jerarquía clara entre las fuentes, y el derecho pretorio podía bien modificar o contradecir a las leyes anteriores. Durante la vigencia del *ius commune*, tampoco se observa una clara jerarquía normativa e, incluso, muchas veces se admitía que la costumbre pudiese modificar a las leyes (costumbre *contra legem*) o que el juez dejase inaplicadas las leyes producidas por el monarca. La idea que el derecho es un sistema vino a modificar nuestra percepción de las fuentes del derecho. De ahí en adelante una norma inferior que contradijese a una superior anteriormente dictada sería nula, mientras que una norma de rango inferior o igual a otra posteriormente dictada sería modificada o derogada.

La pirámide kelseniana vino a cerrar la construcción lógica del derecho como sistema. En este sentido, agrupó todo el conjunto de instrumentos normativos del Estado en una construcción jerárquica que asignaba un lugar preciso a cada uno de ellos. En la cúspide estaría la Constitución, un tipo de ley dictada por un poder especial y distinto del legislativo ordinario –el poder constituyente– que determina la validez de todas las demás normas jurídicas del sistema.

A continuación está la ley, que es un instrumento dictado por el poder legislativo ordinario (generalmente el Congreso en colaboración con el Presidente), que deriva su validez de la Constitución y que, en el caso de Chile, admite varios tipos:

a. Leyes interpretativas de la Constitución. Tienen por función dar una interpretación auténtica (es decir, del propio poder legislativo y, por tanto, generalmente obligatoria) de la Constitución, y por ello tienen exigencias de quórum superiores y son objeto de control preventivo del Tribunal Constitucional.

b. Leyes orgánicas constitucionales. Son leyes que generalmente establecen la estructura de los poderes públicos, aunque es la Constitución la que determina cuáles son con precisión las materias en que se requiere la dictación de este tipo de normas. Tienen un quórum más alto que las leyes ordinarias, son objeto de control preventivo del Tribunal Constitucional y la facultad de legislar sobre estas materias no puede ser delegada al poder ejecutivo.

c. Leyes de quórum calificado. Son leyes que versan sobre materias consideradas importantes por la Constitución y que, por tanto, requieren una mayoría más alta que las leyes ordinarias y no pueden ser objeto de delegación al poder ejecutivo.
d. Leyes ordinarias o comunes.

Como puede apreciarse, la tipología de leyes en nuestro ordenamiento jurídico es bastante variada. Hay muchas materias que quedaron fuera del ámbito de la mayoría circunstancial del Congreso y esto da a nuestra organización política y jurídica una rigidez desconocida en otros ordenamientos jurídicos. La justificación de tal panorama es evidentemente histórica, toda vez que la Constitución de 1980 se dictó en una época en que Chile se gobernaba por una junta de gobierno que ascendió al poder gracias a un golpe militar y que legislaba sin tener que ceñirse a las limitaciones de mayoría impuestas por la Constitución. La desconfianza hacia el posible régimen democrático que la sucediese sacó de manos del legislador ordinario muchas materias consideradas entonces importantes (como la enseñanza, que fue uno de los elementos críticos del golpe de 1973), reservándolas para leyes supermayoritarias. Por otra parte, este entramado ha dado estabilidad a muchas políticas públicas del país, por lo que existe un número de académicos que piensa que el sistema ha dado resultados positivos, aunque hoy por hoy se yergue como uno de los aspectos más debatibles de nuestra Constitución.

Vinculado con este tema, está el problema de los tratados internacionales, que en principio tienen rango de ley y se incorporan a nuestro ordenamiento jurídico en tal calidad. Tienen un mecanismo sumamente complejo de promulgación, puesto que deben ser negociados por el ejecutivo, aprobados por este (momento en que se compromete la responsabilidad internacional del país), ratificados por el Congreso y promulgados por el Presidente. Su tramitación, desde su aprobación, es similar a la de una ley común, aunque en determinadas materias pueden tener un rango superior a la ley común. En estos casos se exigen mayorías equivalentes a las requeridas por dichas leyes. El problema es especialmente interesante cuando se refieren a derechos humanos, esto es, aquellos derechos esenciales que emanan de la naturaleza humana. En la reforma constitucional de 1989, por indicación del futuro presidente Aylwin, este tipo de tratados fue incluido en el inciso segundo del artículo 5° como un límite al ejercicio de la soberanía, por lo que su contenido representa un límite fundamental al poder del Estado que no puede desconocer tales derechos en la medida que se encuentren establecidos en tratados internacionales ratificados por Chile. Lo que no queda claro es su rango. ¿Tienen rango de ley orgánica constitucional? ¿Es igual a la Constitución? ¿Superior? El asunto no es pacífico, por lo que dejamos su tratamiento para los estudios especializados.

e. *Ley y poder ejecutivo. Dominio legal*

El poder ejecutivo, a su vez, puede dictar instrumentos normativos. Estos son los decretos y reglamentos que el presidente de la República puede dictar sobre una amplia gama de materias y que, muchas veces, rigen la vida cotidiana de manera más directa que las leyes o la Constitución. Naturalmente, estas normas tienen un rango inferior que las leyes y, por eso mismo, no pueden modificarlas ni derogarlas, quedando cualquier contradicción en riesgo de anular el decreto o reglamento, cuestión que puede ser determinada por los tribunales ordinarios.

Hay distintos tipos de instrumentos normativos que pueden ser dictados, entre los cuales destacan los decretos y reglamentos. Teóricamente, los decretos se otorgan para normar casos particulares, mientras que los reglamentos tienen por objeto la producción de normativas de carácter general, aunque no siempre vemos que esto se respete escrupulosamente. Los reglamentos suelen dictarse para complementar las leyes e implementarlas en la práctica, por lo que su importancia real suele ser altísima.

Junto con estos instrumentos, existen otros, como las instrucciones y circulares que no tienen mayores formalidades y que suelen dictarse dentro del ámbito de la administración pública a fin de aplicar la normativa vigente, siendo las instrucciones propias de casos determinados, mientras que las circulares tienden a tener aplicación general. No obstante, en muchas materias, como los impuestos, las circulares han adquirido tal importancia que vienen a determinar la aplicación completa de las normas superiores.

El origen de este poder normativo hunde sus raíces en la creación del Estado Moderno y es fiel reflejo de la construcción de un orden centralizado desde el siglo XVI en adelante. Para mediados de la Baja Edad Media, en algunos reinos como Inglaterra, Francia o Castilla, el poder regio se encontraba limitado por ciertas asambleas de notables, de manera que los monarcas requerían de su colaboración para llevar adelante el proceso nomogenético y dictar leyes. Así, el rey castellano requería de la colaboración de la Cortes; el inglés, del Parlamento; y el francés, de los Estados Generales, todas entidades de corte asambleario donde se encontraban representados la nobleza, el clero y las ciudades más importantes de sus respectivos reinos. Ahora bien, había determinadas materias que eran de exclusiva competencia de tales asambleas, como los impuestos, que generalmente el monarca no podía establecer ni subir sino con su colaboración.

Hacia finales del siglo XV, y con la progresiva penetración de las ideas jurídico-políticas del *Corpus Iuris* en la mentalidad europea, los reyes se arrogaron la facultad de emitir órdenes generalmente obligatorias, a la manera de los antiguos emperadores, puesto que, como nos dirá Ulpiano (D.1.4.1. pr.): "lo que al príncipe place, tiene fuerza de ley; puesto que, con una ley regia, la que trata del imperio, el pueblo a él en todos imperio y potestad confiere" (*Quod principi placuit, legis habet vigorem: utpote cum lege regia, quae de imperio eius lata est, populus ei et in eum omne suum imperium et potestatem conferat*). En este sentido, los reyes comenzaron a emitir por sí mismos normas generalmente obligatorias, las cuales se referirían, naturalmente, a las materias que no estuviesen reservadas a las leyes y generalmente utilizaron nomenclaturas que las distinguieran de ellas, como reales pragmáticas u ordenanzas. En este sentido, cada tipo de instrumento normativo tendría un ámbito material de aplicación propio. La ley tendría unos determinados ámbitos en los cuales debería regir, mientras que las normas emanadas del rey por sí mismo tendrían otros. Posteriormente, dicha teoría fue sistematizada por la escuela prusiana durante la segunda mitad del siglo XIX y adoptada en una serie de instrumentos constitucionales centroeuropeos. Este es el origen del llamado sistema germánico de dominio legal[63].

No obstante, evidentemente, en manos del absolutismo, la idea adquirió ribetes cada vez más asfixiantes para los distintos órganos asamblearios en España y Francia. Dichos órganos fueron convocados de manera cada vez más esporádica durante los siglos XVII y XVIII y vieron sus poderes cada vez más reducidos. Consecuentemente, el poder normativo de los reyes creció. Justamente en este contexto es que con la Revolución Francesa nace una tesis que invierte el equilibrio a favor del congreso, fundándose en la teoría de la separación de poderes. Dentro de las tesis revolucionarias se encontraba aquella que establecía que el depositario de la soberanía era justamente el pueblo, quien se expresaba a través del congreso con su poder legislativo. Los reglamentos, en este sentido, eran meras normativas dictadas en ejecución de las leyes por lo que la distinción entre leyes y reglamentos no era por materias, sino por jerarquía, de manera que eran materias de potestad reglamentaria aquellas que el poder legislativo delegase a favor del ejecutivo. Este es el llamado "sistema francés", que tuvo aplicación indiscutida en Chile hasta la derogación de la Constitución de 1925.

---

63   Vid: Cordero Quinzacara (2009), 409-440.

Hoy en día es difícil determinar si en nuestro país se aplica un sistema u otro. En cierto sentido, cuando la Constitución establece un catálogo aparentemente taxativo de materias de ley (art. 32 N°6 y 60), parece optar por la tesis germana, pero en la práctica, son tantas las materias de ley que no queda claro si existe verdaderamente un ámbito donde la potestad reglamentaria autónoma del Presidente de la República pueda aplicarse.

En principio, podemos decir que entre leyes y decretos existe una diferencia jerárquica, toda vez que estos últimos no pueden contradecir a aquellas y, en caso de hacerlo, son nulos y en la inmensa mayoría de los casos, la dictación de decretos y reglamentos encuentra como norma validante una ley que delega tal función en el poder ejecutivo. No obstante, este es un problema propio del derecho constitucional y dejamos su resolución para tal materia.

Sin embargo, existe un tipo especial de decretos que tiene rango de ley y escapa a la distinción jerárquica entre decretos y leyes, se trata de los decretos con fuerza de ley. Estos son delegaciones que realiza el poder legislativo en el ejecutivo a fin que sea este quien emita una norma con rango de ley. Esta delegación ha de ser expresa y específica, debiendo en esto el ejecutivo atenerse a las instrucciones del legislativo.

Los decretos con fuerza de ley no se encontraban contemplados en la Constitución de 1925, a pesar de ser su uso frecuente durante el siglo XX. En la de 1980 recibieron un tratamiento más lato en sus artículos 32 N°3, 61 y 82 N°3. En principio, el Decreto con Fuerza de Ley (o DFL en adelante) puede versar sobre cualquier materia que esté comprendida en el dominio legal, salvo las excepciones dispuestas por la propia Constitución, como son las materias de leyes de mayor jerarquía (Leyes Orgánicas Constitucionales y de Quórum Calificado), derechos y garantías constitucionales y otras. La ley habilitante debe indicar las materias precisas sobre las que se autoriza dicha delegación y un plazo determinado, no superior a un año, para dictar las normas.

Este tipo de legislación implica un debilitamiento del principio de separación de poderes, toda vez que las facultades del Congreso son transferidas al Presidente. Su origen se encuentra en la sempiterna desconfianza hacia las instituciones donde el diálogo y la representatividad constituyen la base de su funcionamiento, específicamente el Congreso, que se ha visto sobrepasado por una élite que prefiere concentrarse en influir en el grupo acotado de personas que constituye el ejecutivo, antes que en el amplio número de congresistas. En las democracias inestables, el diálogo es visto como debilidad y la multitud aplaude estas delegaciones ante la perspectiva de una eterna espera de soluciones que no se adoptan a problemas acuciantes. No obstante, la legislación delegada, por la naturaleza limitada de la delegación en nuestro ordenamiento jurídico, no ha producido efectos negativos sensibles. Sin embargo, en otros países vecinos, donde tales cortapisas no existen o no se han respetado, la existencia de legislación delegada ha llegado a representar un serio problema para la permanencia de un régimen democrático representativo. En Venezuela y Argentina, los presidentes se han acostumbrado a detentar poderes legislativos prácticamente ilimitados con los que han llegado a ahogar las instituciones democráticas de sus países. Dicha legislación delegada es peligrosa y debiese meditarse su supresión.

Finalmente, hay un tipo particular de decretos que escapa a cualquier tipo de clasificación dentro de la pirámide normativa. Estos son los decretos leyes, un tipo especial de normativa jurídica dictada por el poder ejecutivo fuera del ámbito de las normas de validación y reconocimiento contenidas en la Constitución y las leyes. Su historia es triste y dice relación con los gobiernos *de facto* que han afectado a nuestro país de tanto en cuando durante el siglo XX. Específicamente, fue la forma de legislar en los períodos comprendidos entre 1924 y 1925, junio a octubre de 1932, y entre 1973 y 1981. Hasta el día de hoy, buena parte de las normas fundamentales que rigen la institucionalidad de nuestro país (incluida la misma Constitución) son decretos leyes y constituyen una cicatriz dentro de nuestro ordenamiento jurídico. Han sido dictados fuera de todo mecanismo de validación y por ello se los denomina legislación *de facto*; pero al regir materias tan fundamentales como las Asociaciones de Fondos de Pensión, ciertos tipos de inversión extranjera y la misma Constitución de 1980, resulta poco práctico cuestionar su vigencia. Hoy por hoy, la jurisprudencia ya no cuestiona tales mecanismos, sino que permanecen dentro de nuestro derecho como un testimonio de que, en caso de equivocarnos gravemente como sociedad, el derecho puede volver a estar supeditado a los hechos y los tigres escapar de su jaula de papel.

f. *Efectos de las leyes (tiempo y espacio)*

Las leyes tienen por efecto principal el obligar a todos los miembros de la comunidad política en que se dictan. En principio, en la Antigüedad, el efecto obligatorio de las leyes era relativo a las personas, ya que al concebirse la ley como una promesa pública, esta no podía tener otro efecto que obligar o favorecer a los miembros de la comunidad jurídica que la dictaba. Por ello es que el *ius civile* era solo aplicable a los ciudadanos romanos y solo estos podían valerse de él. Los extranjeros, en principio, no se encontraban amparados por la ley, sino por el *ius gentium*, en la medida que se relacionaran con los ciudadanos de un lugar en concreto. Si ellos quebrantaban una norma en principio dirigida a los ciudadanos, se ponían fuera de la protección del *ius gentium* y, por tanto, del derecho. En todo caso, esto no significa que las leyes (y luego senadoconsultos y constituciones imperiales) no pudiesen regir más que a los ciudadanos. En realidad, puesto que muchas polis extranjeras se habían sometido a Roma, las leyes de Roma podían estar dirigidas a ellas, aunque no era lo habitual. Lo mismo con los peregrinos y latinos, estos podían ser obligados por leyes dictadas en Roma dirigidas en su favor o en su contra, pero lo más común era que no les estuviesen dirigidas.

La idea de la ley como estatuto personal de los ciudadanos fue común en la Antigüedad, aunque el establecimiento de un imperio universal en Roma y, especialmente, la concesión universal de ciudadanía a todos los habitantes del imperio en virtud de la *Constitutio* Antoniana de 212, tendió a desvanecer los efectos personales de la ley hasta el punto de casi hacer coincidir las fronteras del imperio con el ámbito de aplicación de la ley. No obstante, la disolución de la parte occidental del imperio en múltiples reinos terminó con este sueño y el mundo altomedieval fue plural. La vigencia de una norma dependía del lugar, de la procedencia, del estamento de la persona, de su religión, etc. Había muchos derechos y ninguna ley.

Con el resurgimiento de la ley en la Baja Edad Media, nace el problema de su vigencia personal o territorial. Ya en las Siete Partidas encontramos la siguiente norma: *"Todos aquellos que son del señorío del fazedor de las leyes, sobre las cosas que pone, son tenidos de las obedecer e guardar, e juzgarse por ellas… E esso mismo dezimos de los otros que fueren de otro señorío, que fiziessen el pleyto, o postura, o yerro en la tierra dose juzgasse por las leyes: ca maguer sean de otro lugar non pueden ser escusados de estar a mandamiento dellas"* (Ley XV, P.1, p.8v.).

Esta doctrina encontrará eco universal en la obra de los postglosadores o comentaristas, quienes establecerán el principio de vigencia territorial de la ley. Al efecto, la Constitución *Cunctos Populos*, contenida en C.1.1.1 fue interpretada para extraer de ella la idea que el emperador solo obliga a sus propios súbditos[64]. Esto se contradice, según los propios Baldo y Bártolo, con la vigencia universal del poder del emperador. No obstante, argumentan, que el emperador, en principio, no quiere dar leyes más que a los pueblos que le obedecen, puesto que no hay esperanza (*spes*) de que los demás le obedezcan (*imperator non vult imponere legem, nisi iis de quibus est spes quod obediant*[65]). Incluso Baldo llega a decir que el emperador ni *de iure* ni *de facto* puede imponer leyes a quienes no son sus súbditos (*Imperator nec de iure, nec de facto possit imponere legem non subditis*[66]).

Al afirmarse el poder real hacia comienzos del siglo XVI, junto con la doctrina de la soberanía, nació la idea de la vigencia territorial del derecho y de la ley. La ley, al ser una manifestación de la soberanía, tenía como ámbito natural de vigencia el territorio sobre el cual se ejercía tal poder. Esta doctrina, implícita en la teoría de la soberanía, tiene una aceptación casi universal. En este sentido, la ley rige, en principio, sobre todo el territorio del Estado que la ha dictado, salvo, naturalmente, que haya sido dictada para tener vigencia en solo una parte de él, lo cual puede ocurrir. Este principio fue recogido en nuestro Código Civil en su artículo 14 que dispone: "La ley es obligatoria para todos los habitantes de la República, incluso los extranjeros". Dicha redacción, en concreto, fue tomada del art. 9 del Código de las Louisianas[67], que actualmente debiese estar incluido entre los artículos 14 a 23, pero que ya no se encuentra en vigencia tras la derogación de todo el título, en 1991.

En todo caso, existen ciertas situaciones en que el derecho de un país se arroga competencia sobre los hechos acaecidos fuera de su territorio y es en estos casos en que se habla de extraterritorialidad de la ley. Estos son casos naturalmente graves y es relativamente infrecuente que un país intente juzgar los hechos acaecidos en otro, de acuerdo a sus propias leyes, puesto que

---

64   *Imperator non imponit leges nisi subditis*, Baldo (1577=2005), 5.v.
       En el mismo sentido: Bártolo (1574=2005), 2v.
65   Baldo (1577=2005), 6.
66   Baldo (1577=2005), 6.
67   Vid. Bello (1888), 6.

habitualmente no tendrá la posibilidad material de aplicar su derecho en el territorio de otro, salvo que capture a los responsables de los hechos juzgados o que, por algún otro motivo, los actos realizados en otro país pretendan tener efectos dentro de su territorio.

En principio, lo habitual es que los estados se arroguen competencia para juzgar los casos acaecidos dentro de su territorio. No obstante, pueden verse avocados a juzgar hechos ocurridos fuera de este cuando hay nacionales suyos involucrados, sea como víctimas, sea como autores, especialmente si dichos hechos no han sido juzgados en el país donde ocurrieron. En estos casos, el principio de vigencia personal de la ley parece resurgir parcialmente, cuando la territorialidad se ha mostrado inoperante. Podemos destacar que, en ciertos delitos particularmente graves y disruptivos del orden internacional, se ha establecido una suerte de jurisdicción universal para su conocimiento y sanción. Ejemplos de ello son la piratería, la trata de esclavos y la tortura. En dichos casos, cuando un Estado capture a los responsables de dichos delitos, sin importar que los hechos hayan acaecido fuera de su territorio, o que no haya nacionales suyos involucrados, podrá juzgar y castigar a los responsables. En este caso se dice que se aplica una suerte de jurisdicción universal. Los delitos específicos y su tratamiento los dejamos al Derecho penal y al internacional.

Otra posibilidad es que un acto realizado en el extranjero pretenda tener efectos en Chile. En dichos casos, existe una amplia doctrina internacional, cuyas bases fueron sentadas por Bártolo de Sassoferrato, que avala ciertos principios que rigen la materia. Nosotros la trataremos solo superficialmente, puesto que su estudio corresponde al Derecho internacional privado.

Las reglas relativas a esta materia no son romanas, sino romanizantes, toda vez que fueron elaboradas sobre la base de casos romanos por los juristas medievales, especialmente por obra de Bártolo de Sassoferrato al comentar la ya citada constitución imperial *Cunctos populos* de C.1.1.1.

El primero de estos principios es el de *lex locus regit actum*. Es decir, si un acto (un contrato o un testamento, por ejemplo) pretende ser aplicado en un lugar distinto de aquel en que fue producido, se regirá por la ley del lugar en que se otorgó. Dicho *dictum* es una síntesis y una ampliación conceptual del análisis de Bártolo, que a propósito de la Constitución *Cunctos* concluye que en lo referente a las solemnidades a que debe atenerse un contrato, debe observarse la legislación del lugar donde se otorgó (*statutum loci contractus quo ad solemnitatem euis attenditur*) [68]. En todo caso, dicho principio fue recibido de una forma más bien modesta por nuestro Código Civil, que indica en su artículo 17° que:

"La forma de los instrumentos públicos se determina por la ley del país en que hayan sido otorgados".

Y, a continuación, en su artículo 18° agrega:

"En los casos en que las leyes chilenas exigieren instrumentos públicos para pruebas que han de rendirse y producir efecto en Chile, no valdrán las escrituras privadas, cualquiera que sea la fuerza de estas en el país en que hubieren sido otorgadas".

Es decir, el principio de *lex locus regit actum* se limitaría a determinar las formalidades que debe observar un instrumento público, mas no contempla los requisitos de fondo de un acto o contrato y ni siquiera se refiera a todas las formalidades que deben seguirse a la hora de celebrar un contrato.

Un segundo principio es que los bienes se rigen por la ley del lugar donde se encuentran situados (*statutum loci ubi res est sita servari debet*[69]). Al respecto, dicho precepto, que no es más que una consecuencia lógica de la soberanía, fue recibido en el artículo 16 del Código Civil de la siguiente forma:

"Los bienes situados en Chile están sujetos a las leyes chilenas, aunque sus dueños sean extranjeros y no residan en Chile".

Dicho artículo tenía un espectro más reducido en el Proyecto de 1853[70], donde, por influencia del artículo 3° del Código Napoleón, se lo limitaba solo a los inmuebles[71], cuestión que fue abandonada por la comisión revisora.

Respecto a las formalidades de un juicio, también estas se rigen por la ley del lugar donde se tramite (*ad ordenationem et inspicit locu actus*[72]).

Finalmente, debemos señalar que hay materias en que la ley chilena se arroga fuerza obligatoria respecto a sus ciudadanos, incluso cuando estos no residan en el país. Estas son dos: el estado civil de las personas y su capacidad

---

68   Bártolo (1574=2005), C.1.1.1, p.3.

69   Bártolo (1574=2005), C.1.1.1, p.3.

70   Bello (1888), 6.

71   Así, el artículo 3° del *Code Napoléon* en su inciso segundo establece: *Les immeubles, même ceux possédés par des étrangers, sont régis par la loi française.* Mientras que el antiguo artículo 10° del Proyecto de 1853 señalaba: "Las leyes relativas a bienes raíces situados en Chile, obligan aún a los extranjeros no residentes en el país".

72   Bártolo (1574=2005), C.1.1.1, p.4.

cuando sus actos hayan de tener efectos en Chile[73], y en lo relativo a los derechos y obligaciones que nacen de las relaciones de familia respecto a su cónyuge y parientes chilenos[74].

También puede ocurrir que un país renuncie a aplicar sus leyes en una parte de su territorio. Este es el caso de las embajadas y sedes diplomáticas, donde, de resultas de un acuerdo internacional, no se aplica el derecho de un Estado.

En cuanto a la vigencia temporal de la ley, esta, en principio, rige desde que es publicada hasta su derogación. El principio aparece recogido en D.1.4.4, donde se establece en un *dictum* de Modestino que las constituciones más recientes derogan a las antiguas. Lamentablemente, al estar en griego, solo fue accesible para los juristas de la Época Moderna, mientras que durante el Medioevo dicho fragmento permaneció más bien ignorado.

Aunque parece un tanto tautológico señalarlo, las leyes entran en vigor cuando su proceso nomogenético se encuentra completo, es decir, luego de su promulgación por el Presidente de la República y su publicación en el Diario Oficial de Chile (Art. 6° Código Civil). Originalmente, el Código Civil establecía un sistema de vigencia luego de seis días contados desde su publicación en un periódico de un departamento, entraba en vigor en forma escalonada en las demás partes de la República, pero este sistema fue derogado por la Ley 9.400[75]. En todo caso, como el mismo Código Civil nos recuerda, cualquier ley puede establecer un sistema distinto de publicación y entrada en vigencia (Art. 7 inciso 3°, Código Civil). En efecto, hay situaciones en que por la importancia de la materia o por las graves consecuencias que la ley podría tener en el sistema jurídico, se establece un plazo entre su publicación y entrada en vigencia. Así, una ley podría publicarse hoy y, por disposición expresa de la misma ley, comenzar a regir el en dos días más. Este lapso en que la ley es válida pero no ha entrado en vigencia se conoce como *vacatio legis*, el cual es un período de ultractividad del derecho antiguo ya derogado, y de suspensión de la nueva norma establecida por la ley. Un ejemplo clásico

---

73 Art.15, N°1, tomado del Art. 3° inciso tercero del *Code Napoléon*.

74 Art. 15N°2, tomado del art. 4° del ABGB.

75 Dicho sistema, en todo caso, era común en la época de dictación del Código. Así, la vigencia solía suspenderse hasta unos días después de su publicación y la ley iba tomando fuerza obligatoria gradualmente desde los lugares más próximos a la capital hasta los más remotos (Art. 1° *Code Napoléon*, en su versión original y 4° de las Lousianas).

es el Código Civil, cuya vigencia se retrasó hasta el 1° de enero de 1857, a pesar de ser promulgado en diciembre de 1855. Otro ejemplo muy citado es la ley tributaria, que, en caso de modificar impuestos, entra en vigencia el día primero del mes sucesivo al de su publicación (art. 3° Código Tributario).

En principio, las leyes rigen los sucesos que ocurran desde su entrada en vigencia hacia el futuro, no hacia el pasado. Esto es lo que se llama irretroactividad de la ley, un principio doctrinario que fue construido a partir de textos romanos por los juristas del Medioevo. Una enunciación clásica del mismo nos la entrega el propio Código Civil que establece en su artículo 9°: "La ley puede solo disponer para lo futuro, y no tendrá jamás efecto retroactivo".

El principio fue construido a partir de una constitución imperial de Teodosio y Valentiniano recogido en C.1.14.7[76]: "De los emperadores Teodosio y Valentiniano. Las leyes y constituciones futuras ciertamente pueden dar forma a los negocios, pero no revocar los hechos anteriormente, salvo que se refieran nominativamente a los realizados en tiempo pretérito o que se establezcan para los negocios pendientes".

Al respecto, Baldo de Ubaldi señala que "la naturaleza de la ley es disponer acerca de lo futuro, no de lo pasado (*natura legis est disponere de futuro, non de praeterito*[77]). Esto, obviamente, en la medida que la ley no señale expresamente que se extiende a los hechos pasados o que se trate de negocios pendientes.

El principio parece bastante claro, la materia x estaba regida por la ley A que permitía la conducta *a*. Luego viene la ley B que la prohíbe. Los hechos pasados han quedado regidos por la ley A, por lo que la conducta *a* estaba permitida y sobre los hechos pasados rigió tal disposición, no siendo posible su revisión bajo la nueva ley B. Este es el principio de irretroactividad, que en su sencillez parece fácilmente aplicable, pero que en la práctica no lo es. La constitución imperial da dos excepciones: primero, que el legislador establezca expresamente la retroactividad, y segundo, que se trate de negocios pendientes. En cuanto a lo primero, evidentemente, tanto el Código Civil, que recoge la

---

76 *Imperatores Theodosius, Valentinianus. Leges et constitutiones futuris certum est dare formam negotiis, non ad facta praeterita revocari, nisi nominatim etiam de praeterito tempore adhuc pendentibus negotiis cautum sit. * THEODOS. ET VALENTIN. AA. CYRO P.P.ET CONS. DESIGN. *<A 440 D. NON. APRIL. CONSTANTINOPOLI VALENTINIANO A. V ET ANATOLIO CONSS. >*

77 Baldo (1577=2005), *Ad Codex primam*, p. 70.

norma de la irretroactividad, como la constitución imperial en que se basa, son leyes, por lo que otra ley podría, en principio, establecer justamente lo contrario. Así, el hecho *a*, relativo a la materia x podría quedar sometido a la ley B si esta lo estableció expresamente. No obstante, en ciertas materias esto se encuentra prohibido por la propia Constitución, como en materia penal. Así, el art. 19 N°3 CP, en su inciso octavo establece:

"Ningún delito se castigará con otra pena que la que señale una ley promulgada con anterioridad a su perpetración, a menos que una nueva ley favorezca al afectado".

Así, si la materia x es penal, la ley por la que se regirá el asunto *a* será A, si es que esta establece una penalidad menor que B, pero en caso contrario será B. Esta norma se corresponde al *dictum: nullum crimen nulla poena sine lege praevia*, creado por Von Feuerbach para el Código Penal de Baviera en 1813 y que ha sido adoptado universalmente por el Derecho moderno.

La segunda excepción incorporada por el texto de la constitución imperial es, naturalmente, mucho más compleja y requiere mayor explicación. Supongamos que el caso *a* es sobre una materia civil, una compraventa por ejemplo. La ley A permite la compraventa sobre esos bienes (digamos *cannabis sativa*), mientras que la ley posterior, B, la prohíbe. Si la compraventa se realizó en el pasado, bajo la vigencia de la ley A y se ejecutó en el pasado, la ley B, en principio, no se entenderá que rige una situación jurídica ya consolidada, por lo que la compraventa y la adquisición son válidas. La compraventa se ha cumplido y, en principio, los derechos derivados de ella ya están adquiridos, por lo que la nueva ley no podría afectarlos. Según bien afirma Sacco, este es más un caso de intangibilidad de los derechos adquiridos que de retroactividad de la ley[78]. Esto es lo que se conoce como "doctrina de los derechos adquiridos", que se encuentra recogida en el texto de la Constitución de 1980 en su art. 19 N°24 que dispone la protección de toda clase de propiedad sobre derechos corporales e incorporales, agregando en su inciso tercero que:

"Nadie puede, en caso alguno, ser privado de su propiedad, del bien sobre que recae o de alguno de los atributos o facultades esenciales del dominio, sino en virtud de ley general o especial que autorice la expropiación por causa de utilidad pública o de interés nacional, calificada por el legislador".

---

[78] Sacco (2006), 479-508.

La *cannabis* comprada sería de propiedad del comprador y, por tanto, la aplicación retroactiva de la ley B equivaldría a una expropiación que se encontraría constitucionalmente prohibida. Por ello, podemos concluir que nuestro hipotético comprador podría continuar fumando la marihuana que tuviese en su poder en honor a los postglosadores medievales y sus grandes méritos.

Ahora bien, la situación es más compleja si es que la obligación de dar la *cannabis* no se ha cumplido aún y su pago se encuentra pendiente. Baldo soluciona expresamente este caso señalando que si la obligación está pendiente y la nueva ley saca del comercio una cosa (la *cannabis* en este caso), la obligación se ha hecho imposible de cumplir y rige la nueva ley, el cumplimiento de la obligación. Lo mismo ocurre para el caso de un crédito que tenía una tasa de interés legítima bajo la ley A, pero cuya tasa se convierte en usuraria bajo la ley B. En este caso, la tasa de interés para las obligaciones pendientes debe ser rebajada de conformidad a la ley B, cosa que, por lo demás, estaba establecida expresamente por una constitución imperial de Justiniano en C.4.32.27. Extrañamente, buena parte de la doctrina chilena actual señala que este caso debe solucionarse de una manera diversa en nuestro ordenamiento jurídico bogando por la mantención de la tasa legítima bajo la ley A, pero usuraria bajo la ley B, basándose justamente en la teoría de los derechos adquiridos enunciada por Baldo. Alegan que la tasa de interés ya se habría incorporado al patrimonio del acreedor y que rebajarla sería expropiarlo. Esto no es más que una pésima interpretación de la teoría que ignora su contenido, contexto y formulación.

Tan complejo es el asunto, que al poco tiempo de dictarse el Código Civil, este debió ser complementado por una ley especial que aclarase los asuntos oscuros sobre la retroactividad de las leyes. Esta fue la famosa Ley de Efecto Retroactivo de la Ley, de 1861. Dicho cuerpo sigue de cerca la doctrina de Baldo y está tomado directamente y de manera casi literal de las páginas 6 a 9 de las notas y explicaciones del tomo I del *Cours* de Delvincourt respecto a la retroactividad de la ley.

En principio, podemos decir que la ley de efecto retroactivo distingue entre las situaciones ya consolidadas, el ejercicio de derechos emanados de dichas situaciones y las meras expectativas. Las situaciones ya consolidadas se rigen por la ley vigente en la época de su consolidación. Así, el estado civil adquirido bajo una ley no se ve afectado por una nueva ley que le otorgue requisitos distintos, lo mismo que los bienes adquiridos bajo una ley antigua permanecerán en el patrimonio del adquirente aunque la nueva ley contemple nuevos requisitos y los contratos concluidos bajo una ley antigua. No obstante, el ejercicio de los derechos constituidos bajo una ley anterior, se sujetará a lo previsto en la nueva ley, como también en su extinción. Dejamos su estudio detallado para el respectivo curso de Derecho civil.

Un problema de carácter distinto lo plantean las leyes llamadas interpretativas, que vienen a determinar el campo de acción de una ley anterior. Las leyes interpretativas, en principio, se entienden incorporadas a las leyes que interpretan, puesto que, teóricamente, declaran su verdadero sentido y alcance. Así, una ley interpretativa tendría efecto retroactivo, toda vez que debiese entenderse que siempre fue parte de la ley interpretada.

Esta idea viene de la interpretación de un texto romano que señala que las leyes posteriores pertenecen a las anteriores, salvo en cuanto sean contrarias a ellas[79]. Dicho texto fue interpretado por la Magna Glossa en el sentido que las leyes nuevas se incorporan a las anteriores en cuanto suplan sus vacíos y determinen su aplicación[80]. La misma idea es repetida por Bártolo, quien señala que en este caso, la ley precedente determina a la siguiente[81]. Lo que está detrás de la idea de los glosadores y comentaristas es intentar dar sistematicidad a las normas jurídicas que enfrentan. Para ellos, el *Corpus Iuris* es un todo y el superar sus contradicciones internas se hace necesario a fin de poderlo hacer aplicable. En este sentido, cuando ellos encontraban dos textos contradictorios, intentar explicar el contenido del más antiguo a partir de otro más reciente que se refiriese a la misma materia, tenía bastante sentido. Así, supongamos que el texto A, que se refería a la materia x admitía dos interpretaciones, una que permitía aparentemente p y q, y otra que aparentemente solo permitía q. ¿A cuál interpretación debía atenderse? Supongamos que sobre la misma materia x también existiese el texto B, dictado cien años más tarde, donde se prohíbe expresamente la conducta p. Lo más probable, históricamente hablando, es que el texto A permitiese ambas conductas y más tarde el texto B solo permitiese una. No obstante, en este caso, los glosadores entenderán que el texto B está declarando el sentido

---

[79] D.1.3.28, *Paulo, libro quinto ad legem Iuliam et Papiam. Sed et posteriores leges ad priores pertinent, nisi contrariae sint, idque multis argumentis probatur.*

[80] Accursius (1527), Ad Dig. Vet. Pars Prima, p.40.

[81] *lex precedente determinat sequente.* Bártolo (1574=2004) Ad Dig. Vetus., Pars Prima p.16v.

que siempre tuvo A y que, por tanto, ha de entenderse incorporado a él. Por ello, intentarán interpretar A en relación a B, de manera que entienden que siempre p estuvo prohibida y que lo que el texto A verdaderamente quiso decir es que solo estaba permitida q. Los glosadores no estaban, en este caso, tratando el problema de la retroactividad de la ley (que incluso tiene una *sedes materiae* diversa), sino que intentaban dar una interpretación sistemática a la pluralidad de textos que el *Corpus Iuris* contiene, evitando las antinomias. Para ellos, tanto Juliano, Augusto, como Justiniano estaban todos en el distante pasado y tenía poco sentido el intentar determinar quién prohibió y quién permitió una conducta dada, puesto que en la práctica esto no conllevaría consecuencia jurídica alguna varios centenares de años después. Mucho más relevante, para ellos, era tener un texto libre de contradicciones.

El espíritu de tal doctrina se mantuvo en el inciso 2° del artículo 9° del Código Civil que señala:

"Sin embargo, las leyes que se limiten a declarar el sentido de otras leyes, se entenderán incorporadas en éstas; pero no afectarán en manera alguna los efectos de las sentencias judiciales ejecutoriadas en el tiempo intermedio".

Dicha norma reproduce, en buena medida, la doctrina medieval para el caso de las leyes interpretativas con el agravante que en nuestro medio la ley no es un fenómeno de rara ocurrencia, sino más bien todo lo contrario, es común y abundante. En este sentido, una norma interpretativa de otra, al entenderse incorporada en esta y determinar su efecto *ab inito*, se convierte en una poderosa arma capaz de afectar retroactivamente los derechos adquiridos y las situaciones ya consolidadas. Por lo demás, las leyes interpretativas no suelen solamente declarar el sentido de otras leyes, sino que muchas veces lo alteran. Un ejemplo famoso es el caso de la libertad de culto bajo la constitución de 1833. Al respecto, dicha carta establecía en su artículo 5° que la única religión que podía ser públicamente practicada en Chile era la católica, puesto que de acuerdo a dicha Constitución Chile era un Estado confesional. No obstante, la abundancia de inmigrantes extranjeros de fe protestante hizo que tal norma se hiciese incómoda al vedarles el ejercicio de sus propios cultos. Ante tal situación (y careciendo de los votos necesarios para la reforma constitucional), el Partido Liberal decidió "interpretar" tal artículo mediante una ley interpretativa del artículo 5° de la Constitución (1865) que declaraba que, de acuerdo al art. 5° de la Constitución, se permitía el ejercicio a todas las personas de sus propios credos religiosos en recintos privados y los protestantes podían, por tanto, fundar colegios, cementerios iglesias y todas las demás instituciones que deseasen. Es decir, se transformó una norma prohibitiva en permisiva.

Aunque la finalidad de la ley interpretativa sea loable, no puede negarse que transformó radicalmente el precepto y que, más que interpretar, parece que derogó la prohibición constitucional. Si en este caso las consecuencias fueron más bien positivas, en otros podrían ser perfectamente negativas si es que a través de una ley interpretativa se termina por alterar de manera radical la normativa vigente con efectos retroactivos, cosa que podría hacer *tabula rasa* de los derechos adquiridos legítimamente bajo el imperio de una ley.

III. FORMAS NO POTESTATIVAS DE GENERAR NORMAS JURÍDICAS

Siguiendo la clasificación que nos planteamos al comienzo de este capítulo, nos toca ahora estudiar las formas de generar enunciados normativos que pertenezcan al Derecho objetivo que no sean dependientes del poder político. Si a las primeras las llamamos formas potestativas, las segundas debiesen llamarse autoritativas, por derivar de algún tipo de *auctoritas*, esto es, de alguna forma de poder social difuso cuyas bases de obediencia no están en la coerción, sino en el prestigio y saber de quienes las enuncian. En efecto, buena parte del Derecho es obedecido no por el temor al castigo con que se nos amenaza, sino más bien porque la gente tiende a estar íntimamente de acuerdo con él, sea porque lo considere razonable, justo o simplemente crea que deba existir algún tipo de orden sin preguntarse mayormente en concreto cuál. En griego esto es particularmente llamativo, toda vez que el vocablo *peitho* (en activo), significa convencer, mientras que en pasivo (*peithomai*, soy convencido, esto es, cuando el sujeto es el objeto de la acción) quiere decir obedecer. En pocas palabras, el griego obedece a quien lo convence y los tipos de normas que se generan en torno a la *auctoritas* se encuentran todas, de una u otra forma, relacionadas con la convicción. Como señala Arendt "*[a]n adult consents where a child obeys*"[82].

Que las normas jurídicas puedan tener un origen distinto a la mera voluntad estatal siempre ha sido un dolor de cabeza para los teóricos del Derecho y, especialmente, para aquellos cuyos aportes se relacionan con la

---

[82] Arendt (2005), 46.

teoría clásica, que fundan su poder en la existencia de normas de validación y en la coacción estatal. Una de las aspiraciones más profundas del positivismo clásico es establecer que el Derecho es un sistema de normas, esto es, un conjunto de elementos que se encuentran englobados por una función. De ahí pueden derivarse diversas características y discusiones en torno al sistema, si es abierto (esto es, si permite la incorporación de entidades ajenas al mismo) o cerrado (si no lo hace y, por tanto, todos sus elementos son autogenerados), si es completo, esto es, si abarca todas las situaciones posibles o no (y de ahí la acalorada discusión sobre los vacíos legales) y si es coherente (esto es, si admite contradicciones). El problema fundamental de dicha tesis es que el derecho objetivo no está compuesto única y necesariamente por disposiciones emanadas de la voluntad estatal y que, junto con las fuentes políticas del mismo, existe una amplia gama de fuentes que no se relacionan necesaria y directamente con ellas, sino que continúan existiendo al margen del sistema legal que ha construido la teoría del derecho.

Entre las fuentes no potestativas suelen mencionarse la costumbre y la jurisprudencia, donde la segunda se divide en doctrinaria y judicial. No obstante, los límites entre ellas no son del todo prístinos, especialmente porque, a diferencia de la ley, ninguna de ellas es una suerte de piedra filosofal que pueda transformar los enunciados contenidos de una en los de otra, absorbiéndolos. Así, si una disposición que nace en la costumbre es recogida por la ley, automáticamente esta se transforma en ley y habrá de ser obedecida por constar en la ley, y su pasado consuetudinario queda relegado a un segundo plano. Lo mismo ocurre con una disposición originada en la jurisprudencia, sea esta judicial o doctrinaria. No obstante, una disposición que nace en la costumbre y luego es recogida en una o más sentencias, ¿se transforma en jurisprudencia? ¿Pierde su pasado consuetudinario? Y si de las sentencias nace una doctrina creada en la academia, ¿es jurisprudencia judicial o doctrinaria?

A diferencia de las formas no potestativas, la ley aspira a formar un sistema cerrado, donde todas las cosas que pertenecen al conjunto son leyes y su pertenencia se distingue por el hecho de haber sido dictadas de acuerdo a mecanismos validatorios preestablecidos. Las fuentes no potestativas no constituyen, en principio, un sistema cerrado –y tal vez no constituyen un sistema en absoluto–, puesto que las cosas que pertenecen al conjunto pueden a la vez ser costumbres y jurisprudencia de cualquiera de sus tipos. Es más, la jurisprudencia judicial bien puede entenderse como la costumbre de los tribunales de justicia de fallar de acuerdo a determinadas normas establecidas entre ellos por el uso, lo mismo que la jurisprudencia doctrinaria podría ser algún tipo de costumbre específica entre los académicos del derecho. En fin, la jurisprudencia podría ser entendida como costumbres específicas de grupos relevantes de actores jurídicos (jueces y académicos), por lo que el viejo *dictum* gayano (G.1.1) de *omnes populi qui legibus et moribus reguntur* podría ser más veraz de lo que suele creerse.

En todo caso, y para agregar confusión a las fuentes del derecho, debemos señalar que la costumbre y la jurisprudencia pueden llegar a entremezclarse con las leyes, muy a pesar de la pretensión de constituir al conjunto de leyes en un sistema cerrado. Así, una ley puede ser interpretada por la doctrina en un sentido tan amplio que, a fin de cuentas, puedan llegar a crearse instituciones y normas jurídicas que no estaban originalmente previstas en ella. Esto es muchísimo más frecuente de lo que suele pensarse y baste con un ejemplo del derecho civil para demostrarlo.

Siguiendo a Guzmán Brito[83], hacia 1853, Andrés Bello ya se encontraba familiarizado con las doctrinas relativas al acto o negocio jurídico, principalmente por la vía del monumental *System* de Savigny, que él leyó en su traducción francesa. No obstante, en su primer proyecto de Código Civil no incorporó mayores elementos del mismo, fuera de incluir un título general sobre los contratos. En los sucesivos proyectos (Proyecto Inédito y el Proyecto de 1855), más elementos aparecieron de la teoría, aunque siempre de manera tímida y con variaciones a nivel de título, mas no de contenido. No obstante, a contar de la reforma de los estudios de Derecho de la Universidad de Chile de 1902, siempre ha sido costumbre explicar las reglas generales de los contratos contenidas en el título 2° del libro 4° como las normas basales del acto jurídico, una teoría no legislada específicamente para el caso del Código de Bello y que presenta bastantes diferencias con las normas efectivamente legisladas en el Código. De hecho, existen elementos importantes de la doctrina que van mucho más allá de lo establecido en la codificación y que, en todo caso, hoy en día se estiman fundamentales para el derecho civil. Tanto es así, que los estudios de derecho civil suelen comenzar con un semestre dedicado al acto jurídico, una teoría que no fue finalmente recogida por nuestro código civil. La teoría del acto jurídico es una tesis que la jurisprudencia doctrinaria y judicial han impuesto interpretando las normas del Código Civil con un alcance mucho

---

[83]   Guzmán Brito (1997), 50-95.

más general que aquel que originalmente tenían. ¿Su construcción es legal o jurisprudencial? ¿Su construcción se asienta en la costumbre de explicar el Derecho civil a la manera pandectista luego de la reforma de 1902? ¿Su origen es consuetudinario? ¿Una costumbre académica?

Planteando el problema más en general, podríamos decir que siempre las disposiciones legales requieren de interpretación y que esta ha de ser realizada por los tribunales (para aplicar la ley), por los académicos (para enseñarla a otros) y por el pueblo (para cumplirla). Los actos del pueblo pueden generar costumbres, como los de los tribunales y académicos, jurisprudencia, por lo que podríamos decir que la ley es necesariamente interpretada por la costumbre y la jurisprudencia. ¿El hecho que sean la costumbre y la jurisprudencia las encargadas de interpretar las leyes, hace que dichas interpretaciones sean parte de la jurisprudencia o la costumbre? No existe una respuesta clara a esta pregunta.

Otra característica de las formas no potestativas de generar normas jurídicas es que ellas tienen un cierto aire casuista, es decir, en muchas ocasiones elaboran sus normas a partir de casos concretos que se generan a partir de la interpretación o aplicación de otras normas. Esto parece claro en el caso de la jurisprudencia judicial, cuya función creadora se manifiesta a la hora de resolver los litigios que se sometan a su conocimiento, donde en muchas ocasiones, se encontrará ante importantes vacíos que debe llenar, sea aplicando analógicamente otros preceptos no destinados a ese caso en concreto, sea creando nuevos. Luego de establecerse un cierto número de casos fallados de la misma manera, la *ratio decidendi* de dichos casos puede llegar a establecerse como una regla de conducta, que viene a constituirse en norma jurídica. Lo mismo puede suceder con la jurisprudencia doctrinaria, que en muchas ocasiones, especialmente en el contexto de la cultura jurídica romana, procedió a analizar casos concretos y de estos elaboró algunas de las reglas que rigen a los países occidentales hasta hoy. En cuanto a la costumbre, no es claro cómo se genera esta, pero no es excepcional que haya de nacer como una práctica vinculada a un caso particular, donde comenzó a actuarse de una determinada manera en concreto y que después adquiera un grado de generalidad creciente hasta convertirse en regla.

Las leyes, por contraste, no suelen centrarse en los casos y su desarrollo, a lo menos desde el racionalismo griego, tiende a la generalidad. En efecto, las leyes contienen normas redactadas en términos abstractos con una vigencia indefinida, mientras que las fuentes no potestativas suelen desarrollarse desde los casos, aunque pueden llegar a alcanzar un alto grado de abstracción y generalidad, momento en el que pueden llegar a verse legisladas.

Incluso, de las interpretaciones que la jurisprudencia judicial y doctrinaria hacen de las reglas contenidas en las leyes, suelen realizarse nuevas abstracciones de alcance aún más general. Es así como nacen los llamados principios, que son una suerte de reglas de amplio alcance construidas a partir de otras reglas de espectro menor. Las reglas que se ocupan para construir principios pueden bien no estar legisladas, y podríamos decir que la amplia mayoría de principios se construyen a partir de otras reglas consuetudinarias o jurisprudenciales, pero pueden ser también reglas legisladas. En este caso cabe preguntarse si los principios derivan su validez de las leyes o no.

Por último, todas las formas no potestativas de generación de normas tienen un problema de validez que no siempre es solucionado por el sistema jurídico en el cual se desenvuelven. En principio, la ley, como promesa pública, encuentra su validez en la soberanía estatal. Es válida en cuanto ha emanado de los órganos competentes y se sujeta a las cortapisas sustanciales que le imponen las normas de mayor jerarquía. No obstante, esto no es claro para ninguna de las demás fuentes del derecho objetivo. ¿Cuándo tiene validez una teoría formulada por la jurisprudencia doctrinal? ¿Cuando resulta convincente para los jueces? ¿Y la costumbre? ¿Solo si el sistema contiene cláusulas de remisión a ella, es decir, cuando existe una norma originada en, digamos la ley, que diga que es válida? ¿Y la jurisprudencia judicial? ¿Solo si otra norma ha establecido la vigencia del *stare decisis*? Ninguna de estas preguntas tiene una respuesta clara y precisa, o más bien, la técnica jurídica de la época de la codificación intentó darles respuestas, aunque ninguna resultó satisfactoria. El centro del problema radica en que la idea misma de validez resulta exótica al momento de tratar las demás fuentes del derecho, puesto que ninguna de ellas tiene una jerarquía preestablecida y, por tanto, el tratarlas como partes de un sistema resulta confuso. Es cierto que, históricamente, se han dado normas que regulan la validez de las demás fuentes del derecho, pero ninguna ha logrado solucionar plenamente los problemas que generan.

Por último, están los conflictos en que estas fuentes pueden entrar al establecer reglas distintas a las creadas por la ley. ¿Qué fuente ha de primar: la ley, la costumbre o la jurisprudencia? Estudiaremos todos estos problemas al hilo de cada una de las fuentes en particular.

a. *La costumbre*

Históricamente hablando, la costumbre es una de las más importantes fuentes del derecho. La mayor parte de los pueblos ha tenido algún período en su historia en el cual la costumbre ha sido la fuente primaria y central de su derecho. Desde los albores de la humanidad, ha sido esta la fuente de la mayor parte de las normas jurídicas que nos rigen. Suele señalarse que existen dos elementos que la constituyen: un uso social reiterado y la *opinio iuris*, esto es, que la gente que se sirve de ella piense que su contenido es generalmente obligatorio para su comunidad. Esta doctrina encuentra sus orígenes en el Medioevo, específicamente en la obra de los glosadores. De acuerdo a la exposición clásica de las Siete Partidas[84], por un lado está el uso y por otro la costumbre. El uso es simplemente la repetición constante de una conducta por parte de la comunidad[85]. Dicha conducta debe ser realizada públicamente, no a hurtadillas, especialmente respecto a los poderes políticos de la comunidad[86]. Así, no pagar el pasaje del transporte público, por común y notorio que sea, se realiza evitando ser detectado por los órganos que administran justicia, por lo que no constituye, en el sentido de las Partidas, un uso. El uso es un simple hecho[87], de manera que su existencia, por sí misma, no basta para que sea establecida la vigencia de una norma jurídica.

La costumbre, en cambio, es derecho[88]. De acuerdo a las Siete Partidas, la diferencia estaría en que la costumbre es un largo uso acompañado de la razón, esto es, de la creencia racional de ser jurídico el deber establecido por el uso. La idea es interesante y original de las Partidas, pero su génesis se encuentra, naturalmente, en un fragmento del Digesto. Al respecto, en D.1.3.32 se señala que, en ausencia de ley, rigen los usos y costumbres (*moribus et consuetudo*). La razón para su vigencia estaría en que el pueblo ha prestado su acuerdo a su vigencia en el hecho de observarla voluntariamente. De esta manera, al igual que el fundamento de la vigencia de la ley estaría en el acuerdo prestado por el pueblo, la costumbre obtendría su fuerza obligatoria del asentimiento general prestado en su observancia. Juliano, en el texto, se pregunta ¿qué es

---

84   P.1.2.pr.

85   P.1.2.1.

86   P.1.2.2.

87   Gloss. Gregorio López a P.1.2.pr. p.10v.

88   P.1.2.4.

lo que interesa, el sufragio del pueblo o su voluntad declarada en una materia a través de los hechos? (*nam quid interest suffragio populus voluntatem suam declaret an rebus ipsis et factis?*). Al respecto, Bártolo, comentando el pasaje, señala que la costumbre requiere de un largo tiempo de uso y un consenso tácito del pueblo[89]. En este sentido, la ley y la costumbre, desde el punto de vista de los comentaristas, están en el mismo plano y tienen el mismo fundamento jurídico, la general aprobación del pueblo.

En el pensamiento de Andrés Bello, la idea de costumbre se encuentra igualmente relacionada con dichos elementos. Al efecto, señala que la costumbre: "se origina de un contrato tácito, en que, por el hecho de adoptar voluntariamente una práctica, parece que nos empeñemos en regirnos por ella"[90].

Esta idea resuena a través del tiempo y la encontramos retomada en la argumentación kelseniana sobre la naturaleza de la costumbre[91], que señala que esta tiene lugar cuando un grupo humano se comporta de una determinada manera (*usus*) y luego surge la idea entre los miembros del grupo que estos deben comportarse de dicha manera (*opinio iuris*), con lo cual se transforma en derecho.

La argumentación en torno a la naturaleza de la costumbre se ha mantenido relativamente incólume a lo largo de los siglos, toda vez que el problema central de la teoría del derecho a su respecto gira alrededor de los mismos aspectos y podríamos resumirlo en la siguiente pregunta: ¿cómo es que un simple uso se transforma en un deber? Si el uso pertenece al mundo de los hechos, mientras que los deberes al derecho, cómo es que un hecho, por su mera repetición, llega a constituirse en derecho. El problema es central a la teoría del derecho, por cuanto constituye, en su esencia, una negación de la falacia naturalista. Todas las explicaciones en torno a este proceso tienen en común una cierta fragilidad que se asocia al momento en que un simple uso generado por la habitualidad de la práctica se transforma en un deber. La argumentación de Juliano, que equipara la repetición a la votación de las leyes, se profundiza cuando dicha votación se convierte en un consenso tácito (Bártolo), que termina por transformarse en un contrato tácito (Bello). Los

---

89   Bártolo (1574=2004), Dig. Vet. Prima, 17.
90   Bello (1886), 17.
91   Kelsen (2002), 1.293 y ss.

contratos y las convenciones requieren de una normativa jurídica objetiva que los valide, a fin de ser capaces de producir derechos subjetivos. ¿Cómo es que un consenso o contrato son capaces de producir no derechos subjetivos, sino normas objetivas? Desde el punto de vista kelseniano, dicho uso acompañado de la voluntad requeriría alguna norma superior que la valide e incorpore al sistema de normas, algún tipo de norma básica que señale que las disposiciones creadas de tal manera son válidas. No obstante, en muchas sociedades no solo no encontramos tal disposición, sino que incluso aquello que denominaríamos norma básica parece provenir de la costumbre en sí, por lo que esta sería, en último término, la validante de las demás normas del derecho objetivo.

Desde el punto de vista de Hume, todo el derecho es una convención, por lo que la costumbre no sería más que un tipo específico de convención social[92]. Su argumentación sobre la falacia naturalista está destinada a combatir la idea de racionalidad natural del derecho, por lo que el punto no le preocupa mayormente. Ahora bien, cuando el argumento de Hume se saca de su contexto original y se lo aplica como una separación esencial entre los hechos y el derecho, es que la idea se transforma en un conflicto abierto entre el ser y el deber ser.

Un punto interesante al respecto lo hace Savigny, quien en su afán por transformar el derecho en un sistema ubica la costumbre en el punto exactamente contrario que la teoría tradicional. Según Savigny, la costumbre no engendra el derecho positivo, sino que es señal de él[93], toda vez que el derecho completo descansa sobre el espíritu de un pueblo que se expresa tanto a través de la ley como de la costumbre. En este sentido, el derecho descansa sobre un conjunto de principios generados por el espíritu del pueblo y que se expresan a través de diversos medios en reglas secundarias, las cuales estarán contenidas en la costumbre o la legislación.

Desde nuestro punto de visa, el problema es importante, puesto que demuestra la ineficacia de la concepción sistemática del derecho. Aunque

---

92   La idea de convención en Hume es bastante compleja y parece referirse a la vieja idea de pacto recíproco, aunque no a una suerte de contrato social preestablecido, como quería la idea *ius* racionalista, sino más bien a un acuerdo mutuamente obligatorio que tiene vigencia práctica y al que se llega por un proceso en el tiempo. Al respecto, vid: Rawls (2000), 1.865 y ss.

93   Savigny (1855), 34.

la sistematización del conjunto de reglas emanadas del poder político es relativamente sencilla, merced al mecanismo de validación que debe acompañar al proceso nomogenético de la ley, esto no es claramente predicable de la costumbre, cuya generación bien puede apartarse de los mecanismos tradicionales de validación. Incluso, podemos señalar que la costumbre puede volver a entremezclarse con la ley cuando aquella desafía la validez de esta, es decir, cuando la costumbre y la ley se enfrentan. De acuerdo a este criterio, se ha llegado a clasificar la costumbre en tres tipos: *secundum legem*, *extra legem* y *contra legem*. Esta clasificación está tomada de Bártolo de Sassoferrato[94], quien, al comentar el precepto de D.1.3.32 relativo a la costumbre, le aplica las mismas categorías que la doctrina romana había aplicado al *ius honorarium*, esto es, al derecho de creación pretoria a través del edicto del pretor. De acuerdo a Papiniano[95], el derecho honorario tiene tres funciones, ayudar, corregir y suplir al derecho civil. En este sentido, Bártolo tomó las tres funciones tradicionales del derecho honorario y las aplicó a la relación entre ley y costumbre, creando la idea que la costumbre ayuda, suple y corrige a la ley. La costumbre que ayuda a la ley es aquella denominada *secundum legem*. Hoy se entiende por esta, aquella costumbre a que la ley se remite expresamente. En principio, no parece presentar mayores problemas de validez, toda vez que, a lo menos teóricamente, deriva su calidad normativa de la ley. Nuestro Código Civil, en su artículo 2°, señala que:

"La costumbre no constituye derecho sino en los casos en que la ley se remite a ella".

Aunque originalmente, en el Proyecto de 1853, Bello había manifestado otras ideas al respecto, este terminó por validar solo la costumbre *secundum legem* en el texto de 1855, estableciendo en nuestro sistema jurídico la teórica primacía absoluta de la ley frente a las demás fuentes del derecho. En todo caso, debemos señalar que no son pocas las situaciones en que la ley se remite a la costumbre. Podemos pensar en varios casos importantes donde la ley expresamente encarga a la costumbre determinar el alcance de sus disposiciones. Por ejemplo: Art. 1546:

---

94   Bártolo (1574=2004), Dig Vet. Pars Prima, p.17.

95   D.1.1.17 [*Papinianus libro secundo definitionum*]1. *Ius praetorium est, quod praetores introduxerunt adiuvandi vel supplendi vel corrigendi iuris civilis gratia propter utilitatem publicam. Quod et honorarium dicitur ad honorem praetorum sic nominatum.*

"Los contratos deben ejecutarse de buena fe, y por consiguiente obligan no solo a lo que en ellos se expresa, sino a todas las cosas que emanan precisamente de la naturaleza de la obligación, o que por la ley o la costumbre pertenecen a ella".

En este sentido, la costumbre es un elemento central a la hora de determinar el alcance de toda clase de obligaciones contractuales, aunque esto suela olvidarse.

Un segundo tipo de costumbre es aquella que se ha establecido ante el silencio de la ley, al margen de ella, que suele denominarse *extra legem*. Al respecto nos señala Bártolo: cuando ocurre algún caso no decidido por la ley, se recurre a la costumbre de la ciudad de Roma (*occurrente casu a lege non deciso, recurritur ad consuetudinem urbis Romae*[96]), puesto que la costumbre tiene el mismo valor que la ley. Bello, en su Proyecto de 1853 pretendió establecer este sistema para la costumbre en Chile, toda vez que en su primitiva redacción la costumbre regía ante el silencio de la ley. Curiosamente, dicha redacción no prosperó, pero fue finalmente rescatada por Gabriel Ocampo al redactar el Código de Comercio, donde se estableció la vigencia de la costumbre de manera supletoria a la ley:

Art. 4°: "Las costumbres mercantiles suplen el silencio de la ley, cuando los hechos que las constituyen son uniformes, públicos, generalmente ejecutados en la República o en una determinada localidad, y reiterados por un largo espacio de tiempo, que se apreciará prudencialmente por los juzgados de comercio".

La redacción del precepto sigue de cerca las consideraciones relativas al uso que ya había establecido las Siete Partidas[97] e indica las características tradicionales que el uso debe tener para ser considerado como base para una costumbre: (1) ser uniforme, es decir, generalmente seguida y no solo ocasionalmente; (2) pública, es decir, no ejecutarse a hurtadillas u ocultándola de la autoridad; (3) ser ejecutada en todo o parte de la República y (4) reiterada por un largo espacio de tiempo. Este tipo de costumbre fue admitida como fuente de derecho en algunas legislaciones decimonónicas, donde el caso más notable es el del Código Civil español, que en su artículo 1.3 la consagra expresamente.

---

96   Bártolo (1574=2004), Ad Dig. Vet. Prima, 17.

97   P.1.T.2.L.2.

La costumbre *contra legem*, en cambio, es aquella que se ejecuta en contra del tenor de la ley. Así, por ejemplo, frente a una norma que prohíbe una conducta, la costumbre podrá permitirla. En este caso, se dice que la costumbre está abrogando la ley. La expresión viene de la unión del prefijo *ab*, levantar, y el verbo *rogare*, pedir, en concreto, pedir que se vote en los comicios. De acuerdo al pensamiento jurídico romano, la abrogación equivale a solicitar a los comicios que deroguen una ley y, puesto que la ley se ha desobedecido hasta tal punto de formarse una costumbre en contra, se estima que el consenso del pueblo ha retirado su valor a la norma, y este es el sentido de la expresión de Juliano en D.1.32.1 al señalar que las leyes se pueden levantar por el consenso de todos y abrogarse por desuso (*leges non solum suffragio legis latoris, sed etiam tacito consensu omnium per desuetudinem abrogentur*). En este sentido, Baldo señala que la costumbre es una ley tácita[98] y, por lo tanto, tendría siempre el mismo valor que la ley y, por ende, su capacidad para abrogar la ley no estaría en duda.

Este tipo de costumbre vino a caer en desgracia con la formación del Estado moderno. El establecimiento de un poder soberano cuya expresión es la legislación no admitía la existencia de un orden consuetudinario que pudiese imponerse por sobre dicha manifestación devaluando la soberanía. Ya durante el racionalismo, la costumbre *contra legem* deja de tener la capacidad de derogar la ley[99]. En el Estado moderno, en consecuencia, comienza una soterrada lucha contra la costumbre a fin de establecer a la soberanía como poder absoluto contra el cual ninguna otra manifestación pudiese competir. Como resultado, la totalidad de los códigos civiles decimonónicos terminó por restarle eficacia y supeditar la costumbre a la ley.

Sea como fuere, un punto interesante de la costumbre es que esta es capaz de regir la conducta de los hombres con independencia de la existencia de un Estado weberiano que ejerza el monopolio de la violencia. En efecto, la costumbre supone la existencia de una comunidad, pero esta puede bien no ser soberana, sino que encontrarse bajo la dependencia total o parcial de otros poderes, sean externos, como las naciones dominadas por modelos imperiales, sean internos, como las sociedades feudales. En efecto, el declive del Estado central puede bien transformar las leyes en costumbres, lo cual resulta paradójico. De esta manera, por ejemplo, con la dominación árabe de

---

98 Baldo (1577=2005), Dig. Vet. Prima, 22: *consuetudo est lex tacita*.
99 Un buen ejemplo nos lo dan Asso y Manuel (1806), CXXXVIII.

la Península Ibérica, el *Liber Iudiciorum*, uno de los instrumentos legislativos de la Hispania visigoda, se transformó en el Derecho consuetudinario de la población mozárabe del Califato de Córdoba. Otro caso similar ocurre con la *Lex Romana Wisigothorum*, que pasa de ser un instrumento legislativo visigodo coetáneo al final del derrumbe de la autoridad imperial en occidente, a convertirse en el derecho consuetudinario de los pueblos germano-romanos de Europa hasta la recepción del *Corpus Iuris*.

Lo central de la costumbre no es el hecho de estar escrita o no, aunque esta parezca ser una de las consideraciones fundamentales del Medioevo[100], sino el rol secundario que tiene el Estado respecto a ella. Mientras que la ley es la declaración de la voluntad soberana, es decir, un acto íntimamente potestativo emanado, en último término, de la soberanía y que depende para su creación y subsistencia del poder del Estado, la costumbre tiene una estructura inversa. Esta nace de los usos, de la cotidianidad, de las prácticas concretas que se adoptan frente a hechos concretos y que, lentamente, va adquiriendo generalidad tanto en su aplicación como en su formulación.

De los usos pueden emanar normas cuando estas adquieren una enunciación suficientemente amplia como para no solo regir un caso concreto, sino la generalidad de los casos. El proceso de conversión de una práctica en una costumbre es un reflejo de la transformación de una orden en una norma. Mientras la primera tiene una vigencia concreta, la segunda tiene un grado de generalidad que le permite regir no solo una situación en concreto, sino muchas, al haber adquirido un grado de abstracción superior. En este sentido, la vieja indicación de las Siete Partidas acerca de la diferencia entre usos y costumbres adquiere sentido. Un uso es simplemente la reiteración de un conjunto de actos en una situación concreta, mientras que la costumbre, a fin de generar una norma, requiere de un proceso de abstracción, de racionalización, desde la mera reiteración hacia la construcción de un enunciado lingüístico de consecuencias deónticas. Cuando las Partidas indican que la diferencia está en que la costumbre va acompañada de la razón, apuntan hacia este hecho particular que implica la racionalización del uso a fin de extraer de él un enunciado general que pueda operar como una norma. Cuando el uso se racionaliza como una norma, podrá o no surgir la *opinio iuris* y, por tanto, establecerse su general obligatoriedad.

---

[100] Vid. P.1.T.2.pr.

Desde nuestro punto de vista, lo que hace específicamente que un uso adquiera el carácter de costumbre y, por tanto, de enunciado normativo perteneciente al derecho objetivo, es el hecho de ser utilizada por los tribunales de justicia a la hora de dirimir conflictos como un justificante de la decisión que han de tomar en un caso concreto al cual la aplican. Es decir, la *opinio iuris* se fundamenta, en último término, más que en una suerte de contrato público, en las consideraciones del juzgador que, cuando esta tiene un grado alto de difusión y aplicación, va a considerarla como una norma jurídica vigente. En nuestro sistema jurídico altamente legalista se pueden encontrar casos de costumbre incluso *contra legem* que se han transformado en norma. Por ejemplo, están los llamados cierres de negocios realizados por los corredores de propiedades, quienes exigen a las partes la entrega en garantía de una cantidad de dinero para dar por concluido el contrato de promesa de compraventa de un bien raíz. En caso de retractarse las partes o no poder cumplir con lo pactado, cada uno de ellos pierde, a favor del otro, la suma entregada. Si uno quisiese aplicar la ley vigente hasta hace poco, dichas sumas debiesen constituir arras y, por tanto, el contratante diligente que entrega la suma debiese poder exigirlas dobladas. Existe incluso una presunción de derecho al respecto[101], pero los tribunales no la aplican. En este caso, una norma consuetudinaria llegó a reemplazar la disposición del propio Código Civil.

Por último, quisiéramos señalar que aunque la costumbre pude directamente crear normas, también puede interpretar textos. Como antes señalamos, todos los operadores jurídicos deben interpretar las normas a fin de regirse por ellas. Las normas no son más que enunciados lingüísticos y, como tales, requieren de un proceso de esclarecimiento a fin de determinar su contenido y subsumir el caso concreto dentro de la esfera de su vigencia. En pocas palabras, a fin de aplicar el derecho objetivo y determinar la posición subjetiva apropiada, es menester interpretar la norma. Esto no solo es necesario respecto a los enunciados oscuros o mal redactados que pueda contener una ley, sino también respecto a sus enunciados que nos resultan más transparentes, por cuanto aplicar es siempre una forma de interpretar. Ahora bien, puede que en dicho proceso interpretativo el aplicador de la norma se decante por una de dos posibilidades que el texto contiene como la correcta, o que crea que el texto sí se aplique a determinado contexto sutilmente distinto al supuesto

---

101   Carvajal Ramírez (2008), 525-531.

para el cual se diseñó la norma, o que se excluya su validez en ciertos casos que en principio pareciesen estar comprendidos. En todas estas situaciones, el rango de casos que la ley rige está siendo determinado por la interpretación y, si es que la interpretación es imputable indeterminadamente a la generalidad de la comunidad, entenderemos que dicha interpretación es consuetudinaria.

Ya en Roma dicha posibilidad se contemplaba e, incluso, Paulo señaló que esta era la mejor interpretación que podía hacerse de una ley[102]. Si la doctrina de Juliano era que la validez de la costumbre se sustentaba en el asentimiento práctico que todos daban a la costumbre al cumplirla, lo que la hacía equiparable a la ley, es lógico pensar que la aplicación espontánea de la misma que el propio pueblo realiza fuese también la interpretación más adecuada. En último término, la interpretación consuetudinaria descansaría en el consenso del pueblo, por lo que tendría un alto prestigio democrático. Así, de la misma manera que los contratos pueden interpretarse según el tenor de cómo las partes contratantes los cumplen, las leyes pueden interpretarse según el voluntario cumplimiento que el pueblo realiza.

No obstante, hoy en día, este cumplimiento voluntario ha sido dejado de lado como forma de interpretación y generalmente no suele ser mencionado.

Finalmente, debemos señalar que en el ámbito del Derecho internacional la costumbre sigue bastante activa como medio para crear normas jurídicas. En un medio donde la legislación es imposible, muchos de los elementos que conforman el Derecho internacional son de creación consuetudinaria. Es más, muchas de las normas de orden superior que regulan el Derecho internacional, es decir, sus principios, han sido establecidos consuetudinariamente.

---

102 D.1.3.37 *Paulus libro primo quaestionum. Si de interpretatione legis quaeratur, in primis inspiciendum est, quo iure civitas retro in eiusmodi casibus usa fuisset: optima enim est legum interpres consuetudo.*

b. *La jurisprudencia*

La voz jurisprudencia es bastante antigua y tiene un claro origen romano. Es una contracción de las voces latinas *ius* y *prudentia*, esto es, conocimiento o sabiduría acerca del derecho. Cuando se indica que la jurisprudencia es una fuente del derecho, se señala que los operadores jurídicos más expertos de una comunidad se encuentran legitimados para crear nuevos enunciados deónticos que resulten obligatorios. Así, la jurisprudencia no es más que una forma de actuar de los mejores intérpretes del derecho en una comunidad dada, sean estos jueces, académicos, sacerdotes, científicos, inteligencias artificiales, chamanes, brujos o quiénes sean. En definitiva, cuando hablamos de jurisprudencia nos encontramos con una nueva fuente del derecho no potestativa, esto es, cuyos enunciados no dependen de la soberanía que pueda ejercer el Estado a la hora de imponerla, sino de la convicción que puedan generar en la comunidad. En este sentido, el fundamento de dichos enunciados es eminentemente la *auctoritas* que ostenten quienes los pronuncien y valdrán mientras dicha *auctoritas* permanezca. Así, en una sociedad donde la ciencia y la tecnología son los elementos preponderantes a la hora de prestigiar el conocimiento, no sería raro que cuando las posibilidades técnicas lo permitan, sean los científicos y las inteligencias artificiales las que elaboren normas, como las leyes de la robótica de Asimov, mientras que en aquellas de carácter teocrático, donde la conexión con lo divino sea el fundamento del prestigio social, probablemente las normas las elaboren los ayatolás y sumos sacerdotes.

Desde el auge del positivismo científico en el siglo XIX, consecuencia, que no causa, de la revolución industrial, en Occidente la ciencia obtuvo un lugar preponderante como fuente de prestigio social y desde entonces surgió una rama de estudiosos del derecho que pretendieron elaborar un conocimiento científico de él. Esta rama, siguiendo los parámetros propios de la época, intentó definir el objeto de estudio del derecho a fin de construir una ciencia que lo estudie a través de un método propio. Dicho objeto de estudio fueron las normas jurídicas, una entidad abstracta cuya diferencia específica con otras formas de normas no quedó clara en su primer momento, pero que gracias a Austin y Kelsen pareció consistir en la coactividad y la validez asociadas a ellas. El método utilizado para su estudio fue definido por las formas de interpretar la ley establecidas por Savigny un siglo antes, esto es, a través de su estructura lingüística (elemento gramatical), a través de su contexto histórico (elemento histórico), a través de su estructura lógica (elemento lógico) y de su posición dentro de un sistema (elemento sistemático). Luego de casi un siglo de cientifización del derecho, verdaderamente es poco lo que se ha logrado. El objeto de estudio estaba mal definido, puesto que ni todos los elementos que componen el derecho son normas, ni todas las normas van acompañadas de la coactividad, ni cuentan con mecanismos claros de validación. Por otro lado, los métodos de interpretación son más que aquellos imaginados por Savigny y, aunque estos siguen siendo importantes, no parecen los únicos. En la actualidad, el positivismo parece una fantasía decimonónica y tal vez la clave de su fracaso histórico esté en que el derecho no es exactamente una ciencia, sino un arte.

En cualquier caso, la jurisprudencia tiene una antigüedad pasmosa. En su oportunidad hablamos acerca de las llamadas leyes mesopotámicas, que parecen ser producto del trabajo especializado de los escribas sumerios y acadios, tal vez la primera escuela histórica de juristas laicos de hace más de cuatro mil años atrás, pero bien podríamos señalar que la jurisprudencia de raíz religiosa es incluso más antigua.

En muchísimas sociedades el centro del prestigio social está o ha estado ligado al contacto con el mundo sobrenatural. Prueba de ello son no solo las grandes catedrales europeas del Medioevo, sino también las pirámides de la Edad del Bronce, los centros religiosos del neolítico, como Göbekli Tepe, o las cuevas de Altamira para el paleolítico. En las grandes comunidades humanas, la religión y el contacto con lo divino han sido elementos importantes que han moldeado nuestra sociabilidad y moral, permitiéndonos vivir en sociedad y ordenar nuestra conducta. De la comunicación que tengan ciertos miembros de dichas comunidades con la divinidad emanan normas de conducta, que más adelante pueden ser escrituradas o no, pero cuyo origen se encuentra ahí. Dicho contacto con lo sobrenatural parece ser capaz de generar normas cuya validez y vigencia depende del prestigio que tales personas y las creencias asociadas a su religión mantengan dentro de su medio social. El fundamento de tales normas no es otro que la *auctoritas* de quienes las enuncian y mientras esta se mantenga, permanecerán aquellas. Así, las normas del Deuteronomio fueron enunciadas por los sacerdotes levitas antes que el libro mismo fuese escrito, y en la medida que el judaísmo ha subsistido a lo largo de los milenios, tales reglas han permanecido en vigencia por el prestigio y convicción que causan.

Que el derecho romano arcaico esté vinculado a la jurisprudencia pontifical no es una casualidad, sino que más bien responde a este mismo fenómeno de antigüedad inquietante, el de la vigencia de un orden sacro nacido de la *auctoritas* de un grupo de hombres a quienes se atribuía la capacidad de comunicarse con la divinidad. En efecto, y muy significativamente, a los hombres encargados de tal contacto se los denominaba pontífices, por su presunta capacidad de construir puentes, los cuales podían ser no solo físicos, sino también espirituales. Ellos solían responder las preguntas que los magistrados les formulasen y su actividad se denominó jurisprudencia pontifical. Sabemos poco de la misma, menos de lo que quisiésemos. Tal vez sus respuestas estén contenidas en el famoso *ius Papirianum* que cita Pomponio[103] y del cual conocemos poco más que su nombre.

No obstante, debe considerarse que durante el siglo III a.C. Roma comenzó su expansión imperial, primero por la parte Occidental del Mediterráneo, para luego, durante el siglo II a.C. incluir la Oriental. Naturalmente, la nueva posición central de Roma respecto de las demás ciudades y pueblos de la Antigüedad, implicó que a ella concurrieron una miríada de extranjeros buscando comerciar y establecerse en ella. Esto trajo consigo problemas jurídicos de la mayor importancia, toda vez que el derecho de corte religioso que producían los pontífices no era susceptible de ser aplicado a dichos extranjeros, debido a que no compartían los mismos cultos ni eran ciudadanos. En este contexto fue que se creó una magistratura distinta, a la cual se encargó la misión de aplicar el derecho entre extranjeros residentes en Roma o entre extranjeros y romanos; este fue el pretor peregrino (242 a.C.). Ahora bien, el derecho que tal magistrado aplicaba no podía ser el mismo derecho civil de creación pontificia, por lo que a su alero se desarrolló un nuevo derecho de carácter racionalista, inspirado en el viejo derecho civil, pero de una raíz distinta, el *ius gentium*. Tal derecho fue esencialmente obra de juristas, conocedores del derecho que no eran necesariamente pontífices y que derivaban su auctoritas de su conocimiento del derecho, mas no de una conexión con la divinidad. Poco antes, hacia el año 252 a.C. el primer Pontífice Máximo de origen plebeyo, Tiberio Coruncanio, comenzó a dar las razones detrás de las respuestas de los pontífices. Es decir, no se conformó con señalar que tal cosa era jurídicamente vinculante, sino que dio un fundamento a sus aseveraciones. Este hecho se encuentra cargado de significado, toda vez que en esta necesidad de fundamentación es que se revela la racionalidad del juicio pontifical. La voluntad de los dioses es racionalmente incognoscible, por lo

---

[103]   D.1.2.2.2.

que no requiere de argumentos, de manera que si la fuente de *auctoritas* de la jurisprudencia pontifical era su comunicación con la divinidad, cualquier argumentación al respecto de dichas opiniones era ociosa. Cuando se fundamenta un juicio, se implica que su sostén es la racionalidad, la cual sí puede ser conocida, aprendida y estudiada. En torno a los pontífices, desde entonces, nació un grupo de estudiosos que se dedicó a escuchar y aprender sus opiniones –en latín *sententias*– y de estas *sententias* extrajo un conocimiento del derecho que se denominó jurisprudencia. Sobre este se construyó no solo el derecho de gentes, sino que también el propio derecho civil romano fue reinterpretado y racionalizado durante los últimos siglos de la República. Al decir de Pomponio, el derecho civil terminó en ser una masa de normas creadas por la sola interpretación de los prudentes[104].

Estas normas creadas por las opiniones de los prudentes se generaban principalmente desde los casos sobre los cuales eran consultados, por lo que nunca perdieron una textura casuista marcadamente inductiva. En cualquier caso, ocurrió muchas veces que de dichas soluciones parciales y particulares surgieron reglas que contenían un grado mayor de generalidad. Así, por ejemplo, en cierta ocasión, un tal Cerelio Vital instaló una fábrica de quesos en un predio que arrendaba y, como consecuencia, llenó de humos pesados y malos olores a los circundantes. Consultado el jurista Aristón sobre el caso, señaló que los dueños de los predios superiores tenían un interdicto posesorio y una acción negatoria en contra del emitente de tales humos. No obstante, agregó a su respuesta una regla de carácter más general: "en lo suyo cada quien puede hacer lo que desee, en cuanto no penetre nada en lo ajeno"[105], es decir, una máxima aplicable no solo a casos idénticos sino a toda clase de situaciones en que ocurra un conflicto entre el uso que un propietario quiera hacer de lo propio y sus vecinos. Dicha regla que regula las relaciones de vecindad ha sido la base de la mayor parte de los regímenes modernos de propiedad y contaminación ambiental.

En cuanto a la validez y fuerza obligatoria de las opiniones de los juristas, durante la República este no fue un tema relevante. Los juristas eran seguidos por su *auctoritas*, la cual se fundaba simplemente en el hecho de

---

104   D.1.2.2.12 *Ita in civitate nostra aut iure, id est lege, constituitur, aut est proprium ius civile, quod sine scripto in sola prudentium interpretatione consistit.*

105   D.8.5.8.5 *… in suo enim alii hactenus facere licet, quatenus nihil in alienum immittat.*

serles atribuido un conocimiento especializado relevante, puesto que, como nos dice Pomponio, se tenía fe en sus conocimientos[106]. Las razones por las cuales las normas creadas por los juristas eran seguidas por los administradores de justicia eran las mismas por las cuales las opiniones de los economistas hoy son seguidas a la hora de elaborar el presupuesto de un país, por el reconocido prestigio del que gozaban. No obstante, en época de Augusto, se intentó dar una cierta sanción formal a determinados juristas a fin de habilitarlos para crear normas jurídicas. Desde Augusto se otorgó a algunos de ellos el *ius publice respondendi ex auctoritate principis*, es decir, el derecho a responder públicamente con la autoridad del príncipe[107]. Aunque no existe certeza al respecto, aparentemente Augusto pretendía que solo las opiniones de los juristas que hubiesen recibido tal beneficio tuviesen fuerza de crear normas jurídicas. Sea como fuere, la medida no tuvo tal efecto, toda vez que después de Augusto los juristas que no gozaron de tal privilegio igualmente fueron consultados y citados, por lo que no parece que la concesión de Augusto tuviese otro valor que uno simbólico.

Algo distinto sucedió con Adriano, quien a través de una constitución imperial estableció que en aquellas materias en que los juristas estuviesen de acuerdo, es decir, que existiese una *communis opinio*, el parecer de estos tuviese fuerza de ley. En las demás, el juez era libre de seguir la opinión que más le conveniese. El resultado de tal constitución fue desplazar el centro de las preocupaciones de los juristas desde los temas centrales a los detalles, toda vez que a partir de ella el corazón de las instituciones jurídicas quedó fijado por la opinión común establecida entre los juristas, no pudiendo volverse a abrir el debate acerca de ellas. Sea como fuere, el resultado es que la jurisprudencia posterior a Adriano tiende al enciclopedismo y parece tener un menor vigor creativo. Finalmente, hacia fines del período central en el gran caos del siglo III terminan por desaparecer los juristas y, con ello, la jurisprudencia académica se transforma en un grupo de libros de derecho escritos en un pasado algo distante y más brillante.

No es que ya no existan estudiosos del derecho en el período tardío, los hubo y algunos bastante notables, como el propio Triboniano que presidió la comisión compiladora del *Corpus Iuris*; sin embargo, a estos ya no se les

---

[106]   D.1.2.49 ... *fiduciam studiorum suorum habebant.*
[107]   D.1.2.49.

reconocía la capacidad de crear normas jurídicas por sí mismos. Formalmente, las nuevas normas solo podían emanar del emperador, un dios entre los hombres y vicario de Cristo.

Hasta aquí, la jurisprudencia parece ser un fenómeno casi exclusivamente doctrinario y el rol de las sentencias judiciales en la formulación de normas jurídicas parece ser mínimo dentro de la tradición romana. En época de los severos, esto es, hacia el final del período central, se dispuso que la costumbre que tenían los jueces de fallar ciertas materias podía establecer una interpretación válida[108]. En todo caso, aquí los fallos de los jueces constituyen una costumbre y no una fuente autónoma y diferente del derecho. No obstante, desde Adriano, con el ascenso del rol jurídico del emperador, comienza a formarse una suerte de jurisprudencia judicial, aunque ella no es distinguible de la ley en sí.

Como ya hemos señalado, a contar de Adriano se genera la doctrina relativa al poder que tienen los príncipes de generar autónomamente normas jurídicas, las cuales son asociadas en su vigor a las antiguas leyes republicanas. En este sentido, los pronunciamientos del príncipe tenían fuerza de ley. Paralelamente, ya desde la época de Augusto, un nuevo tipo de procedimiento había hecho aparición en el derecho romano: la *cognitio extraordinem*. Este tipo de procedimiento tenía la virtud de ser conocido y juzgado, teóricamente, por el propio emperador; aunque en la práctica, lo hacían sus subordinados, a quienes este delegaba a capacidad de hacerlo. Dicho proceso fue expandiéndose después de las reformas de Adriano hasta hacer desaparecer completamente el viejo procedimiento formulario, el cual fue finalmente prohibido en el 342 por una constitución imperial de Constantino.

El punto es que al ser los litigios conocidos y juzgados por el emperador, y al tener los *dicta* del emperador fuerza de ley, los resultados de tales litigios, en caso de verse decididos por rescriptos imperiales, tenían fuerza vinculante. Así, las decisiones que los emperadores –o más bien sus cancillerías– vertieron sobre las materias sometidas a su conocimiento fueron potencialmente fuentes de normas jurídicas pertenecientes al Derecho objetivo. En este sentido, al examinar las constituciones imperiales del período tardío, nos encontramos

---

108   D.1.3.38 *Callistratus libro primo quaestionum. Nam imperator noster Severus rescripsit in ambiguitatibus quae ex legibus proficiscuntur consuetudinem aut rerum perpetuo similiter iudicatarum auctoritatem vim legis optinere debere.*

no solo con normas abstractas, sino con decisiones de casos concretos, las cuales, hasta cierto punto, se parecen a la jurisprudencia judicial. Ahora bien, a tales decisiones no suele denominárselas jurisprudencia, fundamentalmente porque su valor no estriba en el proceso de abstracción generado y en la construcción racionalista de normas a partir de la *auctoritas* del juzgador, sino que su vigencia se encuentra amparada por el poder que respalda las decisiones del príncipe y son, por tanto, actos antes similares a leyes particulares que a jurisprudencia, a lo menos en lo formal. En efecto, no será hasta la Edad Media en que las decisiones de los jueces pasen a ser consideradas como fuentes de normas jurídicas por sí mismas.

El Alto Medioevo implicó el estallido de la unidad imperial en millares de pequeñas unidades políticas que conservaban solo una tenue unión entre ellas. Los feudos se comportaron como la pieza básica de la organización del poder, y el derecho era eminentemente una cuestión que les era propia. A lo largo de toda Europa occidental, la justicia fue administrada por estas pequeñas unidades políticas en sus propios tribunales donde la costumbre local y el poder del señor eran las únicas fuentes de derecho. Si bien es cierto que los feudos eran parte de unidades mayores, en verdad el poder de los reyes era más bien débil y residía en su habilidad para formar alianzas entre los diversos señores de manera que comandasen, sino a todos, a lo menos al conjunto de feudos más fuerte. La capacidad legislativa de los reyes era escasa y su rol en el mundo jurídico prácticamente nulo, salvo en sus propios feudos.

Hacia comienzos del siglo XIII, gracias al debilitamiento del poder feudal merced a las cruzadas y al surgimiento de un nuevo poder burgués en el corazón de las emergentes ciudades, los reyes comienzan a imponer su propia justicia sobre los feudos. En Westminster y en Paris se establecen tribunales reales cuya misión es administrar justicia e imponer el derecho real por sobre la vieja justicia real. Este tipo de tribunal fue conocido como *Curia Regis*, el tribunal del rey, que en Inglaterra se denominó *King's Bench* y en Francia Parlamento. Dichos tribunales aplicaron, en principio, el derecho real, que era consuetudinario, teóricamente general a todo el reino y, por tanto, común. De aquí nace el *Common law* en Inglaterra, como opuesto al derecho local, y las diversas *coutumes* francesas. Las sentencias de estos tribunales constituyeron una parte esencial de estas costumbres que ellos mismos aplicaban, por lo que dichas sentencias comenzaron a ser prueba de una usanza y, por ende, una fuente del derecho no escrito que tales tribunales aplicaban. En el caso de Inglaterra, se dejaba constancia de las sentencias más importantes de cada año en los *Year books* o anuarios que eran compilados tal vez de manera privada. En el caso inglés, para el siglo XVI, las sentencias acumuladas durante siglos constituyeron la base del *Common law*. Es en este contexto que se desarrolló la regla consuetudinaria del *stare decisis et non quieta movere* (estar a lo decidido y no remover las cosas que están en reposo). Significa que el juez debe mantener los razonamientos aportados por las sentencias anteriores en las nuevas que dicte, toda vez que sus razonamientos descansan en la tradición[109]. No obstante, las sentencias no eran otra cosa que la evidencia de la costumbre y es la costumbre la que teóricamente genera la sentencia. Así, leemos en Blackstone que es el tiempo inmemorial lo que da al *Common law* "*its weight and authority: and of this nature are the maxims and customs which compose the common law, or lex non scripta, of this kingdom*"[110].

Bajo el mismo espíritu, en Castilla, dos sentencias dadas por jueces letrados eran prueba de la existencia de una costumbre[111], de manera que las sentencias de los jueces tenían valor de fuente, mas no en sí mismas, sino en cuanto darían, teóricamente, cuenta de una costumbre.

En el caso de Francia, también las sentencias que se dictaban fueron recopiladas por autores privados y estas sentencias sirvieron de base para la construcción de su *coutume*, llamándose a dichas compilaciones las *olim*, esto es, la antiguas. No obstante, a diferencia de Inglaterra, el Parlamento de París pronto fue acompañado por otros parlamentos que se establecieron en diversas partes de Francia. Algunos de estos parlamentos aplicaron, como el de París, derecho consuetudinario, mientras que otros se decantaron por el recién redescubierto derecho romano. De esta manera, Francia quedó dividida entre territorios donde se aplicada el derecho consuetudinario y regiones donde no. En todo caso, las *coutumes* francesas fueron escrituradas durante el siglo XVI bajo modelos humanistas y romanistas, por lo que, en la práctica, la diferencia entre estas y el derecho romano no fue tan profunda.

Así, la jurisprudencia judicial hace su aparición en el panorama de las fuentes del derecho no como una fuente autónoma del mismo, sino como señal de la existencia de una costumbre, lo cual, en último término, provocará un desarrollo desigual en los distintos sistemas jurídicos hasta la codificación.

---

109   Hutchinson (2005), 4.
110   Blackstone (2003) v.1, 1.1091.
111   P1,T.2,L.5.

Paralelamente, durante el Bajo Medioevo, las fuentes del derecho vuelven a experimentar un cambio fundamental, debido a que la recepción de los textos del *Corpus Iuris* significó la incorporación de una ingente masa de normas del pasado dentro de los esquemas jurídicos medievales. En principio, podemos señalar que la recepción del derecho romano fue un fenómeno netamente jurisprudencial, fruto de la labor académica de los grandes maestros de los siglos XII y XIII, que lograron hacer de un complejo conjunto de casos, reglas y disposiciones provenientes del pasado greco-romano, un sistema de derecho vigente. Los textos romanos se incorporaron al ámbito jurídico sin que mediase necesariamente norma validatoria alguna, sino que simplemente fueron adoptados por su alta calidad interna y por la *auctoritas* de que gozaba cualquier opinión del pasado. A su alero, y dedicada a su estudio, nació la primera universidad moderna, Bolonia, cuyo fin fundamental era estudiar y enseñar los viejos textos romanos. Para desentrañar su significado es que dichos estudiosos realizaron glosas en el texto del *Corpus Iuris*, es decir, pequeñas notas explicativas respecto al contenido del mismo, las cuales finalmente se pusieron en los márgenes del mismo. Este es el origen de los Glosadores.

Fue finalmente Accursio quien realizó un esfuerzo enorme que derivará en la fijación definitiva del texto del *Corpus Iuris* junto con una ingente masa de glosas como el instrumento oficial sobre el cual razonarán los juristas posteriores. A esta obra se la denominó *Magna Glossa* o *Glossa Ordinaria*, por ser aquella generalmente utilizada por los tribunales de la época. De hecho, tan común llegó a ser su uso que se solía señalar que lo no conocido por la Glosa, no era reconocido por el tribunal[112].

A fines del siglo XIII y a comienzos del XIV, diferentes tipos de tribunales reales aparecieron en el contexto europeo, como fue el caso del Parlamento de París. Muchos de ellos estaban conformados por abogados formados en la tradición del *ius commune*, por lo que aplicaron sistemáticamente este derecho como mecanismo unificador, frente a los diversos derechos consuetudinarios que existían en el panorama jurídico europeo. Un ejemplo clásico lo constituye el *Reichskammergericht* o tribunal imperial cameral, fundado en 1495 y que sirvió de corte de apelaciones para la mayor parte del territorio del Sacro Imperio Romano Germánico, donde el *ius commune* fue el derecho aplicable, llegando, en los hechos, a romanizar jurídicamente un territorio

---

112   *Quicquid non agnoscit glossa, illud non agnoscit curia.* Glück (1888), p.292.

que no estuvo bajo el dominio del viejo Imperio Romano. Así, los tribunales superiores contribuyeron decisivamente a la romanización del derecho europeo continental, lo que aumenta el problema de confusión entre jurisprudencia doctrinaria y judicial.

Para la época de la codificación, la confusión reinante en materia de fuentes hacía que la mayor parte de los derechos europeos se encontrasen ante una pluralidad enorme de fuentes materiales a las cuales se enfrentaba el juzgador a la hora de emitir un fallo. En general, la división estaba entre el derecho escrito y el no escrito, esto es, entre las leyes y el *Corpus Iuris* con sus comentarios, por una parte, y el viejo derecho consuetudinario, conformado tanto por tradiciones, textos escritos, sentencias y demás elementos que habían contribuido a su formación[113]. Es en este contexto que Bentham promueve la codificación, como un medio de reducir una ingente masa de disposiciones venidas de diversas épocas y con estilos arcaizantes a un texto legislado simple y único, eliminando, de paso, las demás fuentes posibles del derecho.

La Revolución Francesa quiso hacer de la separación de poderes el principio básico que regulase el orden jurídico, de manera que las normas fuesen producidas exclusivamente por el poder legislativo, mientras que el poder judicial se limitase a aplicarlas. Así, la ley concentró la producción del derecho, dejando a las demás fuentes no potestativas un rol secundario, como es el caso de la costumbre y, por consecuencia, de la jurisprudencia judicial y la doctrina. Al respecto, el artículo 5° del *Code Napoléon*[114] prohibió a los tribunales que dictasen normas de carácter general y reglamentos en el ejercicio de sus funciones. Su objetivo era terminar con la tenue capacidad normativa que los parlamentos franceses tradicionalmente habían desarrollado, y por consecuencia, con su poder para resistir al legislador. Al respecto, tal norma fue adoptada de manera casi literal por la mayor parte de las codificaciones clásicas[115].

---

113   Así, por ejemplo, Pothier (1845), 1; Salas (1803), 4; Asso y Manuel (1806), p.CXXXVIII, entre muchísimos otros.

114   *"Il est défendu aux juges de prononcer par voie de disposition générale et réglementaire sur les causes qui leur sont soumises"*.

115   Así, por ejemplo, la encontramos en el art. 12 del Código Civil holandés de 1838, el artículo 8 del ABGB y en el art. 13 del Proyecto de García Goyena. No obstante, el Código Bávaro mantenía la regla del *stare decisis* señalando en su artículo 14 que "Los fallos del tribunal Supremo tendrán fuerza de ley".

Siguiendo la tradición romana, a la voz jurisprudencia solo se asociaba, en este período, la creación de los juristas. Bello no llama jamás jurisprudencia a la labor de los tribunales y Savigny ni siquiera menciona a las sentencias como una fuente independiente del derecho. No obstante, el Código Civil las trata a ambas conjuntamente en su artículo tercero, lo cual parece ser una idea original de Bello:

"Solo toca al legislador explicar o interpretar la ley de un modo generalmente obligatorio.

"Las sentencias judiciales no tienen fuerza obligatoria sino respecto de las causas en que actualmente se pronunciaren".

El primer inciso del texto se refiere a la interpretación doctrinaria, señalando expresamente que esta no tiene fuerza obligatoria sino que meramente ejemplar, por lo que los tribunales no se encuentran obligados a seguirla y pueden ignorarla. A continuación, trata acerca de las sentencias judiciales, señalando que solo tienen efecto vinculante para los litigios en que se pronunciaren, con lo cual descarta expresamente que las sentencias tengan valor de fuente formal de derecho. Se ha pensado tradicionalmente que este inciso fue tomado del artículo 5° del *Code Napoléon*[116], el cual prohíbe a los jueces promulgar disposiciones generales y reglamentarias al pronunciarse sobre las causas a ellos sometidas, aunque la redacción es bastante distinta. No obstante, esta parece una norma propia de Bello, toda vez que no encontramos paralelos en otros códigos clásicos[117]. En todo caso, sí existe un referente un tanto remoto de donde la habría tomado y que explica el tratamiento conjunto de sentencias y doctrina: en las Siete Partidas existe una norma que establece que solo el rey, como autor de la ley, puede interpretarla cuando se encuentre redactada en términos oscuros[118]. Al respecto, es la *glossa* de Gregorio López la que aclara, en casi los mismos términos que el Código, que tanto los doctores como los jueces interpretan las leyes, pero que esta interpretación no es obligatoria (*illius interpretatio non est necessaria*), a diferencia de la realizada por el príncipe, que sí es general y obligatoria (*interpretatio sit generalis et necessaria*). En pocas palabras, la norma de Bello vendría de la tradición realista

---

[116] No obstante, Amunátegui Reyes apunta erradamente al artículo 2 (vid Bello (1888), 5).

[117] Para la historia de las diversas redacciones que tuvo la disposición en los distintos proyectos de Código, vid: Guzmán Brito (2007), 23 y ss.

[118] P.1.T.7.L.14.

de las Siete Partidas antes que de las ideas ilustradas francesas. No obstante, las consecuencias son análogas: se retira todo valor prescriptivo a las fuentes no potestativas del derecho.

Hacia mediados del siglo XIX, con el decaer de la Escuela de la Exégesis, comienza a considerarse que las sentencias sí pueden constituir una fuente del derecho. En este sentido, en el primer texto pandectístico de la tradición francesa, el *Cours de Droit Civil Français* de Aubry y Rau, aparece la jurisprudencia como una fuente del derecho que emana de las sentencias del Tribunal de Casación. Los autores toman la voz jurisprudencia como el *usus fori*, la interpretación usual –consuetudinaria– de los tribunales[119] y la equiparan a una fuente del derecho. La idea parece venir de la pandectística alemana, donde encontramos expresamente señalado que el *usus fori* (la costumbre del foro) es lo que vulgarmente se denomina jurisprudencia[120], y se introduce al medio francés por esta vía. En todo caso, el libro base del *Cours*, los comentarios de Zachariae, no hacen uso de la voz jurisprudencia para referirse a las sentencias judiciales.

En España, todavía durante la primera mitad del siglo XIX, este uso lingüístico era desconocido, y al efecto, Escriche define jurisprudencia como "ciencia del derecho"[121], aunque admite que también puede significar: "la serie de juicios o sentencias uniformes que forman uso o costumbre sobre un mismo punto de derecho". Dicho de otro modo, las sentencias de los tribunales pueden formar una costumbre, y en este sentido se admite que ellas constituirían una suerte de jurisprudencia, esto es, una ciencia. No obstante, hacia el tercer tercio del siglo XIX aparece un nuevo uso para la voz jurisprudencia, por lo que se complementa la entrada del diccionario por el editor agregando que significa "la serie de sentencias uniformes sobre un mismo punto de derecho, [que] se forma y fija actualmente en los puntos en que hubiere discordancia de parte de los tribunales, por el Supremo de Justicia...". Es decir, los editores de la nueva versión de 1875, José Vicente y Caravantes y León Galindo y de Vera, se sintieron en la necesidad de agregar un nuevo sentido a la voz que apunta a la introducción de la idea actual de jurisprudencia judicial como una nueva fuente del derecho.

---

119   Aubry y Rau (1871), 128.
120   *Quod si hic aliquid valeat usus fori, vulgo Jurisprudentia dictus* (Rappard (1820), 56).
121   Escriche (1875), 832.

Para el 1900, ya es completamente usual hablar de jurisprudencia como los principios emanados de las sentencias de los tribunales superiores de justicia, y es en este sentido en que encontramos utilizada la palabra en la mayor parte de los manuales y tratados utilizados en la época y hasta la actualidad.

Hoy en día ya no se vincula a la jurisprudencia judicial con la costumbre, sino que con las sentencias emanadas de los tribunales superiores de justicia, y no exactamente es toda la sentencia en sí misma la que produce jurisprudencia, ya que esta puede dividirse en, a lo menos, dos tipos de razonamientos, *ob iter dicta*, o cosas dichas por el camino, y *ratio decidendi*, razón para decidir. Lo que constituye jurisprudencia es justamente la *ratio decidendi* de la sentencia, esto es, el conjunto de argumentos utilizados por el tribunal para decidir el conflicto. Dichos razonamientos tienden a ser seguidos por los tribunales inferiores, e incluso se encuentran formalmente obligados a seguirlos, cuando la cuestión ha sido decidida en un recurso de unificación de la jurisprudencia, que es un recurso extraordinario, creado por las leyes 20.260 y 20.087 para materia laboral, conocido por la Corte Suprema.

Ahora bien, la creación de jurisprudencia judicial implica el examen racional de los postulados en que se basan las sentencias de las cuales pretende extraerse un enunciado general que sirva de norma jurídica para otros casos similares. En este sentido, la jurisprudencia judicial no es meramente la repetición de los fallos anteriores, debido a que estos no contienen, en sí mismos, normas, sino que meramente mandatos entregados por un juez o tribunal para decidir un caso concreto. A fin de elaborar una norma a partir de ellos, es menester realizar una operación racional que transmute dichas órdenes dándoles un alcance general y, en consecuencia, permitiéndoles alcanzar un grado de abstracción suficiente como para construir un enunciado susceptible de integrar el derecho objetivo.

Generalmente, quienes deberán construir la norma general a partir del mandato serán los académicos, quienes suelen analizar los fallos importantes y, a partir de ellos, postular conceptos generales. No obstante, puede ser el mismo tribunal quien establezca en el texto de su sentencia la norma de carácter general, como apunta el celebérrimo artículo 1.2 del Código Civil Suizo[122], que ordena al juez, en caso de ausencia de ley o de costumbre aplicable al caso,

---

[122] A *défaut d'une disposition légale applicable, le juge prononce selon le droit coutumier et, à défaut d'une coutume, selon les règles qu'il établirait s'il avait à faire acte de législateur.*

fallar de acuerdo a las reglas que hubiese establecido en caso de ser el propio juez el legislador. En este sentido, el juez da un paso más allá de su misión de pronunciarse sobre un caso concreto para realizar la operación completa de abstracción hasta enunciar una norma.

En cualquier caso, el valor generalmente obligatorio de la jurisprudencia judicial es netamente dependiente de la propia *auctoritas* que los tribunales tengan en la sociedad. En un sistema donde los jueces son generalmente tenidos por las máximas figuras morales, como es el caso de Inglaterra, no es raro que de sus *dicta* suelan crear normas generalmente obedecidas por otros tribunales y que la regla del *stare decisis* tenga un apoyo universal.

En la actualidad, órganos cuasi judiciales como los tribunales constitucionales comienzan a enunciar directamente normas de carácter general en sus sentencias, ordenando a los legisladores que realicen reformas o incluso postulando normas en sus sentencias. Tal vez el caso más notable es el de Sudáfrica, donde el Tribunal Constitucional, no conforme con declarar la obligación del legislador de legislar para permitir el matrimonio de personas del mismo sexo, creó directamente una norma al respecto y declaró que esta regiría hasta que el legislador cumpliese con su obligación[123].

En la tradición jurídica continental, desde la época de los glosadores, el peso moral de sustentar el sistema jurídico ha recaído tradicionalmente en los académicos. Si tuviésemos que nombrar a las diez figuras más importantes del derecho continental, su inmensa mayoría serían académicos, cuya influencia se ha hecho sentir a través de los siglos durante ya novecientos años contados desde la recepción del derecho romano. A lo largo de estas mismas páginas, nos hemos remontado una y otra vez a las opiniones de académicos del pasado a fin de intentar establecer las propias. Sus razonamientos nos han ayudado a establecer normas generales, muchas veces a partir de casos reales, las cuales ocasionalmente han sido recogidas legislativamente, pero en otros casos no. La fuerza del derecho continental es justamente esta, su carácter académico, que le permite alcanzar una autoridad que solo la ciencia tiene dentro de nuestra cultura. Durante el paroxismo del legalismo del siglo XIX se pensó que la *auctoritas* académica era mucho más débil que el poder coactivo del Estado y, en consecuencia, se popularizó la afirmación de Von Kirchmann que

---

[123] Minister of Home Affairs and Another v Fourie and Another (CCT 60/04) [2005] ZACC 19; 2006 (3) BCLR 355 (CC); 2006 (1) SA 524 (CC) (1 December 2005).

señalaba que tres palabras del legislador bastaban para convertir bibliotecas enteras en basura[124]. En verdad, ni siquiera códigos civiles completos lograron desactualizar la vigencia de los pensamientos jurídicos del pasado que continúan siendo consultados y estudiados para afinar el conjunto de principios, máximas y reglas de que se compone el derecho objetivo y que sirven de base para que el sentenciador distinga entre lo justo y lo injusto.

La jurisprudencia, como fuente del derecho, consiste en obtener reglas de carácter general de otras de un alcance particular. Esto, naturalmente, puede realizarlo un académico o el propio juez y otros sentenciadores se verán compelidos a adoptar sus reglas en la medida en que estas resulten convincentes, esto es, que cuenten con *auctoritas* suficiente como para hacer que el tribunal se pliegue a sus razonamientos. No existen en ellas reglas que determinen su validez, por cuanto esta es otorgada a ellas por el propio juez cuando decide adherir a ellas, como tampoco tiene sentido darles fuerza generalmente obligatoria, puesto que obligan solo a quienes se sienten sometidos al mandato de actuar racionalmente. En este sentido, las fuentes no potestativas son siempre y necesariamente voluntarias, aunque en la práctica tengan una constancia y fuerza que supere las barreras de la cultura y el tiempo. No pocas sociedades han adoptado voluntariamente el derecho continental, atraídas por su lógica interna y por una amplia tradición racional que se remonta si no a los romanos, a lo menos a los académicos medievales. Japón, Turquía o China pudieron no occidentalizar sus derechos o seguir la tradición del *Common law*. Si optaron por abrir cátedras de derecho romano y occidentalizar sus derechos, fue gracias a la fuerza de los razonamientos de casi mil años de pensamiento.

En ocasiones, los razonamientos de los juristas se ocupan no ya de casos, sino de reglas, y entonces construyen principios, reglas de reglas, que orientan áreas completas del derecho. Estos se asientan a lo largo de siglos y, finalmente, pueden incorporarse incluso al pensamiento popular y pasar a constituir una de las bases culturales del derecho.

La existencia de fuentes de carácter no potestativo es la gran cruz del positivismo clásico, una escuela mayor del pensamiento jurídico moderno que, en su esfuerzo por "cientifizar" el derecho construyó jurisprudencialmente

---

124   *Drei berichtigende Worte des Gesetzgebers und ganze Bibliotheken werden zu Makulatur* (Kirchmann (1999), 21).

principios importantes que permitieron su propia superación. El derecho no resultó ser exactamente un simple conjunto de normas coactivas enunciadas por mecanismos formales de validación, sino algo mucho más laxo y complejo: un conjunto de principios, máximas y reglas, que si bien pueden tener un respaldo coercitivo estatal, pueden no contar con aquel por adelantado, sino solo en caso de ser aplicadas por el sentenciador que se sienta compelido por sus razonamientos. Aunque parece indudable que parte del derecho se gobierna por la voluntad política del Estado –el cual interviene en él a través de leyes en su sentido amplio–, otra parte parece independiente a él y su fundamento es la *auctoritas*, entendida como la fuerza moral de los razonamientos que realiza el juez o los juristas, sean laicos, sean religiosos. Si Santo Tomás definió la ley como una ordenación racional, esto puede deberse a que por ley él entendía el derecho, que en su época estaba conformado por jurisprudencia, esto es, por razones.

A MODO DE CONCLUSIÓN

Finalmente, ha llegado la hora de formular las conclusiones de este largo estudio y de intentar postular algunas ideas de carácter general acerca del derecho y sus fuentes. En primer término, de lo analizado hasta aquí, podemos concluir que el derecho es una herramienta, un medio que tiende a satisfacer una necesidad humana más profunda: la justicia. Esta no es, por tanto, un simple resultado automático de la aplicación del derecho, sino algo eminentemente distinto a este y superior. Los fines siempre son más importantes que los medios, como lo sostenía Scoto[125], y la justicia es un fin para cuyo aseguramiento el derecho está diseñado. La justicia es una necesidad natural del hombre, sin la cual la vida en sociedad es imposible e indeseable. *Fiat justitia, mundus pereat!* Que se haga justicia y perezca el mundo, clamaba hace quinientos años el lema del emperador alemán Fernando I, porque sin justicia la sociedad es insostenible y, aunque pueda subsistir, es indeseable que lo haga. En un mundo donde la justicia está invertida, como las pesadillas totalitarias del siglo XX, donde matar es un mandato en lugar de una prohibición, donde la vida privada es un crimen, es mejor el apocalipsis que la supervivencia.

Hace decenas de miles de años, los seres humanos aprendimos a comunicarnos entre nosotros a través de la palabra y a relacionarnos de manera empática, asumiendo como propios los problemas ajenos. Fue entonces que nuestro cuerpo se gracilizó y dejamos de lado muchas de nuestras cuitas a fin de ser capaces de vivir todos juntos en comunidad. A partir de estas habilidades

---

[125]   Scotus (1639), 219: 2.16: *finis est melior eo, quod est ad ipsum.*

construimos sociedades extensas, que fueron susceptibles de abarcar a millones de seres humanos en lugar de un poco más de una decena, toda vez que en su interior cada uno de sus miembros se conmueve y preocupa por las necesidades y problemas de los demás. Aquella entidad que llamamos derecho nació para promover dicha empatía; se caracteriza por dos elementos fundamentales: por la presencia de un tercero imparcial y por el uso de abstracciones a partir de las cuales se puede juzgar un acto concreto que ha elevado una disputa.

El primero de estos elementos (el tercero imparcial) fue el resultado de una oscura evolución en que se sacó del dominio de las partes la valoración del injusto. En algunos ámbitos, sociedades y tiempos sobreviven rastros de un mundo anterior, uno sin jueces. El derecho internacional decimonónico, algunos grupos de cazadores recolectores y las instituciones arcaicas de las sociedades históricas nos permiten atisbar ese momento, caracterizado por la noxalidad (entrega del culpable para que el ofendido animadvierta sobre él), la guerra y los pactos (de *pacivi*, pacificar). Un universo sin jueces es un mundo inestable, violento y pasional y no en vano la tragedia griega registra el establecimiento del primer tribunal humano como el momento focal, cúlmine, del más importante de sus ciclos trágicos, la Orestíada.

El establecimiento de jueces permite el desarrollo de reglas para juzgar. Posiblemente, los primeros juicios se hicieran sin estas, atendiendo principalmente tanto al interés y motivaciones de las partes, como a los sentimientos del juez. Por una operación de inducción se puede llegar a reglas desde el caso, una operación que hace más simple el proceso de juzgar y predecible el resultado del juicio. La elaboración de estas reglas fue el primer trabajo de jurisprudencia de la humanidad, el cual bien pudo estar apoyado por la *auctoritas* religiosa de sacerdotes, el conocimiento de técnicos o la mera repetición, no lo sabemos y tal vez este proceso haya sido distinto para cada sociedad en concreto.

En Mesopotamia encontramos el primer rastro de estas operaciones a través de textos emanados formalmente de la autoridad real, pero materialmente de la rica tradición de los escribas sumerios. Dichos textos exponían bajo el *modus ponendo ponens* situaciones (antecedentes) a los cuales se les imputaba una sanción (consecuente). Dicha técnica se corresponde exactamente con la labor jurídica de elaboración de normas y, aunque en otras civilizaciones se ha llegado a resultados similares de manera independiente, nosotros, a través de la Biblia y del mundo grecorromano, la recibimos, en último término, de ellos.

La construcción de reglas es una labor difícil, dependiente de un alto grado de abstracción y de una capacidad de observación inmensa, gracias a la cual se construye un conjunto de reglas que conforma el derecho en su aspecto objetivo. Este puede estar compuesto por reglas de origen inductivo, de razonamientos cuya fuerza depende del poder persuasivo de estos y del poder social de las personas que los enuncian. Así, en algunas sociedades dichas normas provendrán de los sacerdotes, mientras que en otras de los juristas o de los jueces. Aún más, de las prácticas sociales podrán nacer conductas habituales que al ser racionalizadas por estos grupos de sacerdotes, técnicos o jueces se transformarán en reglas. A todo este conglomerado de reglas surgidas de manera inductiva desde los razonamientos prácticos es que los romanos llamaban genéricamente *mores*, y en cierto sentido constituye un conjunto de fuentes autoritativas del derecho objetivo cuyas fronteras no son nítidas ni se deslindan claramente unas de otras.

Otra fuente para los enunciados normativos o reglas que componen el derecho objetivo está en el poder político. Es evidente que toda comunidad tiene la capacidad de darse reglas a sí misma y los mecanismos que utilice en esta autorregulación dependerán de su propia concepción de la administración y ejercicio del poder. En este sentido, la propia comunidad podrá dictar reglas para dirimir conflictos y, en caso que lo haga, la fuerza de dichos enunciados está radicada en la capacidad coactiva que dicha agrupación sea capaz de desplegar en contra de los contraventores de tales reglas. En pocas palabras, su fuerza y alcance está dada por los límites del aparato estatal y su efectividad. Actualmente, en los llamados estados fallidos, es muy poca la fuerza real que el Estado puede esperar ejercer en la sociedad, por lo que una de las características centrales de dichas entidades políticas es justamente el no ser capaces de generar reglas generalmente obedecidas por la comunidad. Los estados fallidos no son sistemas sin derecho, sino que lugares donde el Estado no es capaz de imponer normas jurídicas generadas al interior del mismo.

El costo de imponer tales normas es inversamente proporcional al grado de legitimidad percibida por la comunidad[126], de manera que los sistemas políticos que no cuentan con un respaldo social inmenso, se encuentran en la necesidad de aumentar el grado de coactividad hasta exacerbar las penas a un punto aberrante. No es raro que en estos mismos estados fallidos el derecho

---

[126]   North (1981), 53.

penal absorba todas las demás ramas del derecho y que vean la altura de las penas subir como una marea inaguantable que termine por ahogar sus propias nociones de humanidad.

Como ha señalado Frontaura, el derecho objetivo tiene dos fuentes: la razón o la fuerza, toda vez que los preceptos que lo integran provienen de la una, entendida como *mores*, o de la otra, en su sentido de poder político. Los grados en que uno y otro intervienen dependerán de las circunstancias propias de cada civilización, de su historia y particularidades. El derecho justinianeo y el del siglo XIX fueron eminentemente legislados, mientras que el derecho del período Central de Roma o el del Bajo Medioevo fueron casi exclusivamente jurisprudencia.

En general, la intervención política en el derecho es imprescindible para introducir dentro del conjunto de reglas argumentos que no se desprenden de las reglas, máximas y principios vigentes dentro de la jurisprudencia. Así, no existía nada inmanente en los preceptos romanos que limitase la capacidad de la mujer para afianzar obligaciones ajenas. No obstante, ante el riesgo social que tales obligaciones a favor de terceros solía implicar para ellas en el mundo romano, es que se dicta el senadoconsulto veleyano que, justamente, prohíbe tal conducta y anula dichas fianzas. Si no hubiese intervenido políticamente el Senado, los juristas difícilmente hubiesen podido desarrollar una prohibición análoga a partir del material normativo con que contaban. Existe también otro tipo de intervenciones importantes, como por ejemplo para casos donde la jurisprudencia no ha sido capaz de llegar a una solución consensuada y el legislador interviene para decantar las opiniones en algún sentido que juzga conveniente, como en muchas de las interpolaciones que se registran dentro del Digesto.

También puede ocurrir que el legislador intervenga para contradecir a la opinión dominante, especialmente cuando dicha opinión jurisprudencial se ha tornado políticamente inconveniente o socialmente nociva. Esto ha ocurrido en repetidas oportunidades, como por ejemplo con la libertad de vientre y la abolición de la esclavitud, y es una de las funciones más importantes que la ley debe cumplir.

Por último, puede que el legislador intente reemplazar a las demás fuentes del derecho absorbiéndolas y transformando todo el conjunto de principios, máximas y reglas en leyes. Este tipo de intervención es históricamente rara y, hasta donde sabemos, infructuosa, debido a que las teorías y principios que el legislador absorbe para construir su utopía legislativa suelen quedar, al poco tiempo, desactualizados y, como la mala hierba, la jurisprudencia vuelve a surgir entre el césped legal.

El conjunto de reglas de que se compone el derecho objetivo otorga a cada individuo dentro de la colectividad una posición determinada y un conjunto de facultades que puede ejercer ante el quebrantamiento de dicha posición. Esto es lo que se denomina derecho subjetivo y es el segundo de los sentidos en que ocupamos la voz derecho. Los derechos subjetivos nos son otorgados por el ordenamiento objetivo, y ante el caso de realizarse una conducta, el ordenamiento prevé las facultades que en dicho caso pueden ejercerse. Los contratos y los delitos son típicamente hechos que regula el derecho objetivo, de manera que ante la ocurrencia de uno u otro, suelen nacer obligaciones para quien ha caído en dicha conducta y, así, estas suelen ser denominadas fuentes de las obligaciones. Suele decirse que, en último término, la ley es la fuente de todas las obligaciones, toda vez que la ley es la que regula los contratos y los delitos. Esto no deja de ser una simpleza, toda vez que supone que la única fuente del derecho objetivo es la ley, lo cual es falso, y confunde la fuente de las normas con las obligaciones que emanan de la conjugación de dichas normas y los supuestos fácticos que ellas describen. En principio, todos los derechos subjetivos se fundamentan en disposiciones del derecho objetivo, pero las obligaciones nacen de las circunstancias descritas en dichas reglas, normas y máximas, no de las normas en sí.

En cuanto al tercer sentido de la voz derecho, el resultado del actuar del tribunal, este es el más cercano a la definición de Celso de derecho. Aquí se encuadra al derecho como el producto de un obrar, como proceso creativo cuyo resultado es lo bueno y lo igual, esto es, la justicia en sus dimensiones distributiva y conmutativa. Dicho sentido nos muestra al derecho no como un simple objeto de curiosidad científica, sino como una herramienta puesta al servicio de un bien superior que se utiliza para crear un orden social más equilibrado y proporcionado que aquel que una sociedad produciría sin su imperio. En este sentido, el derecho es fundamentalmente una herramienta de armonización social que supone la existencia de un juez, esto es, un tercero institucionalmente establecido, y un conjunto de principios, máximas y reglas que este aplica a un caso concreto que le es presentado.

Ahora bien, la pregunta fundamental que el naturalismo hace al orden jurídico es: qué sucede si el derecho en esta tercera acepción no es capaz de realizar su objetivo, si el resultado de la aplicación de este conjunto de reglas a un caso concreto da lugar a un resultado injusto, repugnante al más elemental sentido de equilibrio y proporción.

Ya en la Roma del siglo II a.C., Terencio reporta como un adagio popular la contradicción íntima que puede surgir entre el legalismo rampante y la justicia, al señalar que el sumo derecho puede ser, frecuentemente, la mayor de las maldades (*ius summum saepe summast malitia*[127]), cuestión que es analizada con cierto detalle por Cicerón un siglo más tarde[128]. En estos casos, la jurisprudencia permitía romper con las formas jurídicas preexistentes y aplicar directamente la *equitas* como una regla abierta que generase una solución distinta a la que debiese seguirse de la estricta aplicación lógica de las reglas objetivas. No obstante, en el derecho moderno, esta opción aparece cerrada al juez, por cuanto este debe fallar en derecho.

Hay dos alternativas posibles que pueden generar el problema: (1) las reglas existentes en el derecho objetivo no son apropiadas para la consecución de un resultado justo, lo cual se resume en la clásica pregunta de si la ley injusta es ley; o (2) el derecho subjetivo invocado no se encuentra amparado por el ordenamiento objetivo, lo cual podría resumirse en la pregunta de si hay derechos no establecidos por la ley. Si la respuesta del lector a una o dos de estas alternativas es positiva, esto es, si una norma injusta no pertenece al derecho objetivo o si hay derechos subjetivos que emanan de algo diverso al mero orden objetivo, entonces usted, lector, será partidario de la escuela del derecho natural, en cualquiera de sus múltiples versiones. El presente es un problema moral y no científico, puesto que implica determinar qué es lo que debe ser el derecho. Como tal, es un asunto de la máxima importancia, aunque su resolución no es unívoca.

La teoría jurídica clásica se ha enfrascado en un largo debate sobre el significado y sentido del derecho que la ha llevado a tomar derroteros complejos ante esta disyuntiva. Una alternativa es concebir al derecho simplemente como un mecanismo de control social, en cuyo caso la pregunta carece de sentido. El resultado injusto es simplemente una consecuencia tal vez lamentable de la aplicación del mismo, pero nada más. Según la tesis de Trasímaco, la justicia no es otra cosa que la conveniencia del más fuerte, por lo que el derecho no sería más que una forma de violencia socialmente organizada para el beneficio de los poderosos.

Si bien es cierto que en algunos lugares y tiempos esta tesis ha resultado cierta, la verdad es que vale la pena preguntarse si debemos llamar derecho a

---

[127]   Ter. Heaut. 795.
[128]   Cic., De off., 33.

esta forma de injusticia socialmente organizada. Esta es exactamente la crítica que el naturalismo efectúa sobre tales sistemas, su contenido es moral y no científico, por lo que debe ser tomada con seriedad.

Si el derecho es un instrumento al servicio de la utilidad social, como quería Bentham y el utilitarismo clásico, entonces el bien mayor (general) se impone sobre el menor (injusticia particular) que se cause con la aplicación del derecho. Así, un resultado injusto específico no sería relevante si es que el sistema en su conjunto tiene la virtud de producir la máxima utilidad social. Para Bentham la utilidad social era, en último término, la felicidad. Ahora bien, puesto que la felicidad es objetivamente inconmensurable –en el mejor de los casos puede medirse subjetivamente–, por simpleza, el lugar de la utilidad social pasa a ser ocupado por el bienestar económico, que es plenamente cuantificable. De esta manera es que surge el análisis económico del derecho, que busca maximizar la utilidad económica del sistema jurídico, tanto en sus disposiciones particulares, como en su sistematización general. Esta perspectiva ha cobrado fuerza, dado el rol central que el crecimiento económico tiene en las sociedades occidentales a contar de la Revolución Industrial y es previsible que su importancia sea creciente en los tiempos venideros. Aunque la idea de contar con un sistema jurídico que no sea disarmónico con las necesidades económicas parece tener bastante sentido, el utilitarismo clásico y el economicismo actual cambian fundamentalmente la finalidad del derecho, donde este ya no sería una herramienta para la obtención de la justicia, sino de la prosperidad, transformándose en una especie de *ars divitatis* (arte de la riqueza). Si los fines son superiores a los medios, entonces esto implicaría la supeditación de la justicia a la prosperidad y del derecho a la economía. *Iustitia fiat si mundum auget!* Que se haga justicia si el mundo crece!

Aunque la riqueza no es censurable, sí pueden llegar a serlo los medios para obtenerla, por lo que tenderán a agudizarse las contradicciones entre un sistema jurídico cuya finalidad es la prosperidad y la percepción de injusticia imperante en tal sociedad. La pregunta que debe formularse a tal idea es si estamos dispuestos a admitir que se abuse de seres humanos con tal de ser más ricos. En el fondo, lo que el utilitarismo plantea es una nueva forma de la tesis de Trasímaco, poniendo en el lugar de los poderosos a la mayoría (una posibilidad que también el propio Trasímaco contempla en la República).

Tal vez la situación se aclare más con un pequeño dilema. Supongamos que un avión sufre un accidente en medio de los Andes, dejando tres supervivientes: un premio Nobel de la paz, un biólogo extraordinario y un barrendero.

No hay alimentos y nuestros héroes no podrán ser rescatados en el futuro inmediato, por lo que, de no encontrar alimentos, morirán de inanición. Ante la carestía, nuestro premio Nobel –un connotado utilitarista– plantea dos argumentos a favor de que los dos más conspicuos supervivientes maten y se coman al barrendero. El primero es que la supervivencia de dos hombres causa más bienestar que el fallecimiento de tres. El segundo consiste en que, puesto que ellos son los hombres más preparados y capaces, podrán otorgar a la humanidad beneficios mayores que el barrendero. Esto se refuerza con el hecho que nuestro biólogo ha descubierto la cura simultánea del cáncer, el sida y el Parkinson, que lleva en su bolsillo lista para ser presentada en un congreso que iba a realizarse, pero al que no podrá, de momento, asistir. ¿Debe sufrir el débil a manos de los fuertes en beneficio de la humanidad? Puede que en la realidad lo haga, pero no es justo que así ocurra

La diferencia entre el utilitarismo y el naturalismo se encuentra en que, mientras que el segundo de estos sistemas rechaza la idea que el derecho provoque injusticias y las percibe como elementos a corregir dentro del sistema jurídico, el primero (el utilitarismo) acepta dentro de su perspectiva moral que existan tales inconvenientes, propiciando incluso el establecimiento de tales situaciones si es que el beneficio final es exuberante. Evidentemente, no puede decirse que ninguna de las dos perspectivas, estrictamente hablando, sea verdadera o falsa, puesto que ambas implican un juicio ético sobre el derecho e intentan establecer cuál es la mejor forma de concebirlo. El derecho es un instrumento, pero la pregunta es si debe serlo al servicio del bienestar o de la justicia.

Desde nuestra perspectiva, el derecho nació como un mecanismo para asegurar la armonía en las comunidades humanas de manera que estas pudiesen crecer y se hiciese viable establecer vínculos de colaboración y confianza entre muchos individuos que no se conocían íntimamente. Sin justicia, la armonía y las razones para colaborar desaparecen, por lo que la comunidad ha de terminar por disolverse. En *Los Trabajos y los Días*, el viejo Hesíodo advierte a los reyes que cuando actúen injustamente ellos serán castigados y la comunidad se arruinará[129]. Esta misma profecía se encuentra repetida en numerosos textos de la Edad del Bronce[130], donde se conmina a los reyes a actuar con

---

[129]   Hes. Op., 248-251.
[130]   Vid Westbrook (2003), 46.

justicia, bajo amenaza de destruirse su reino en caso contrario. Nos parece que los antiguos oráculos encierran una verdad bastante profunda, toda vez que una comunidad sumida en la injusticia por un derecho aberrante tendrá crecientes dificultades para establecer los mínimos de colaboración necesarios para sostener el sistema social. Ante la creciente pérdida de legitimidad, los costos (económicos y sociales) de gobernar serán también crecientes y, por ende, el desplome político y cultural sucederá pronto a la bancarrota moral que implica el reemplazo de la justicia por la economía como fin último del derecho. Si finalmente, a través de medios técnicos fantásticos, pudiese establecerse una comunidad distópica donde los hombres acepten la dominación alegremente, como el mundo feliz de Huxley, vale la pena preguntarse si la vida merece ser vivida en tal compañía o es mejor la torre del anacoreta.

Este libro termina con preguntas –muchas– y tal vez ninguna respuesta. Al comenzar este largo recorrido histórico dogmático por los conceptos fundamentales del derecho nos orientamos en dos preguntas básicas: qué es el derecho y cómo se generan las disposiciones que lo forman. Lo que hemos encontrado en esta larga búsqueda fueron conceptos que reflejan el pensamiento pasado de la humanidad. Nos fue más simple encontrar qué *fue* la ley, antes que señalar qué *es*; por qué nacieron ciertas instituciones, mas no qué son. El presente es inaprensible, una simple sensación que se fuga hacia el pasado cada vez que pensamos en ella. El pasado es la causa del presente, pero el presente es oscuro, objeto de la incertidumbre de Heisenberg, y solo podemos analizarlo a condición de convertirlo en pretérito.

En el fondo de esta disquisición subyace la duda: ¿Por qué hemos de hacer del derecho una herramienta para la justicia? ¿Por qué debemos sujetarlo a la moral y no dejarlo como un simple instrumento al servicio del poder? Una respuesta posible se encuentra en la historia. Ya desde la Edad del Bronce los dioses advirtieron a los reyes que si eran injustos, su maldad destruiría sus propios reinos. En la Biblia, el padre de los asesinos, Caín, funda la primera ciudad, y de su raza nace la civilización. Este mundo enoquiano será destruido por el diluvio ante su rampante injusticia. ¿Es esta la amenaza a la que se debe enfrentar el político? ¿Si rompes con la justicia para obtener el mayor bienestar, sea social, sea personal, vendrá un diluvio que acabará con tu mundo? Se cuenta que Luis XV, al final de sus días, dijo: "Después de mí, el diluvio", en un profético arranque descriptivo de lo que sería la Revolución Francesa para su nieto, Luis XVI. Confieso que no he visto diluvio alguno durante mi vida, aunque algunos aguaceros fuertes sí he presenciado. Pero aquí vemos también, en el mundo místico de las predicciones, que el hombre justo suele morir en la cruz. Ya lo anunció Platón en su República y Cristo lo vivió en carne propia. Una vez leí que se crucifica a dos ladrones con un justo, para que el pueblo no repare en la maldad que se comete con este último. La historia está poblada de justos crucificados. Tal vez la respuesta a este enigma esté en quién queremos ser: el Cristo crucificado o Luis XV. Que el mundo se haga justo depende, en última instancia, de la decisión personal de muchos hombres que construyen pequeñas arcas en sus corazones donde salvar a la humanidad.

BIBLIOGRAFÍA

Accursius, Corpus Iuris Civilis Iustinianei cum commentariis Accursii, t.I (Lugduni, 1527).

Amunátegui Reyes, Miguel Luis. Definición de ley in Revista Forense Chilena (1891).

Asso, Ignacio Jordán y de Manuel, Miguel. Instituciones del derecho Civil de Castilla (Madrid, Tomás Alban, 1806).

Arendt, Hanna. Some Questions of Moral Philosophy in Responsibility and Judgement (New York, Schocken Books, 2005).

Arendt, Hanna. Personal Responsibility Under Dictatorship in Responsibility and Judgement (New York, Schocken Books, 2005).

Aubry, Charles y Rau, Charles. Cours de Droit Civil Français, t.1 (Paris, Cosse, Marchal & Cie., 1871).

Bello, Andrés. Derecho Internacional in Obras Completas, t.X (Santiago, Pedro G. Ramírez, 1886).

Bello, Andrés. Proyecto de Código Civil (1853) in Obras Completas, t.XII (Santiago, Pedro G. Ramírez, 1888).

Baldi Ubaldi Perusini. In I-XI Codicis Libros Comentaria (Venetiis, 1577= A.J.B. Sirks, Frankfurt am Main, 2005).

Baldi Ubaldi Perusini. In primam digesti veteris partem comentaria (Venetiis, 1577= A.J.B. Sirks, Frankfurt am Main, 2005).

Bartoli a Saxoferrato. In primam codiciis partem comentaria (Augusta Taurinorum, Nicolaus Bauilaqua, 1574= A.J.B. Sirks, Frankfurt am Main, 2005).

Bartoli a Saxoferrato. In primam digesti veteris partem comentaria (Augusta Taurinorum, Nicolaus Bauilaqua, 1574= A.J.B. Sirks, Frankfurt am Main, 2004).

Bentham, Jeremy. The limits of Jurisprudence defined (New York, Columbia, 1945).

Bintliff, John L. Settlement and Territory. A sociological approach to the evolution of settlement systems in Human Ecodynamics (Oxford University Press, Oxford, 2000) pp. 21-30.

Blackstone, William. Commentaries on the Laws of England (Lonang Institute-kindle, 2003) v.1.

Carvajal Ramírez, Patricio Ignacio. "Las arras perfeccionadas a través de un cheque" in RChD 35-3 (2008) pp. 525-531.

Castresana, Amelia. Actos de Palabra y Derecho (Salamanca, Ratio Legis, 2007).

Cordero Quinzacara, Eduardo. El sentido actual del dominio legal y la potestad reglamentaria, in Revista de Derecho (Valparaíso) 32 (2009).

Delvincourt, Claude Etienne. Cours de Code Civil (Paris, Videcoq, 1834), T. I.

Escriche, Joaquín. Diccionario Razonado de Legislación y Jurisprudencia (Madrid, Eduardo Cursta, 1875) t.3.

Fornara, Charles William. Translated documents of Greece and Rome, I (Cambridge, Cambridge University Press, 1998).

Frank, Ronald. Civil Code. General Provisions en Röhl, Wilhelm (Ed.): History of Law in Japan since 1868(Boston, Brill, 2005).

Glück, Johann August Hellfeld Christian. Commentario alle Pandette v.1, (Leonardo Vallardi, 1888).

Guzmán Brito, Alejandro. Para la Historia de la Formación de la Teoría General del Acto o Negocio Jurídico y del Contrato II en REHJ 19 (1997).

Guzmán Brito, Alejandro. La Codificación Civil en Iberoamérica (Santiago, Editorial Jurídica, 2000).

Guzmán Brito, Alejandro. Las reglas del "Código Civil" de Chile sobre la interpretación de las leyes (Santiago, Lexis Nexis, 2007).

Hart, Herbert Lionel Adolfus. The Concept of Law (Oxford, Oxford University Press-kindle, 2012).

Hutchinson, Allan. Evolution and the Common Law (Cambridge, Cambridge University Press, 2005).

Hume, David. A Treatise of Human Nature (USA, Some Good Press, 2015).

Kirchmann, Julius Hermann von. Die Werthlosigkeit der Jurisprudenz als Wissenschaft: ein Vortrag, 1848 gehalten in der Juristischen Gesellschaft zu Berlin (Europa Verlag, 1999).

Kelsen, Hans. Pure theory of Law, trad. Max Knight (New Jersey, The Law book Exchange-kindle, 2002).

MacCormick, Neil. Institutions of Law. An Essay in Legal Theory (Oxford University Press, Oxford, 2007).

North, Douglas. Structure and Change in Economic History (London, Norton, 1981).

Pokorny, Julius. Indogermanisches Etymologisches Wörterbuch, b. II (Wien, Francke, 1959).

Portalis, Jean-Étienne. Discurso Preliminar del Proyecto de Código Civil Francés, trad. Manuel de Rivacoba y Ribacoba (Valparaíso, EDEVAL, 1978).

Pothier, Robert Joseph. Coutume d'Orléans in Oeuvres (Paris, VIdecoq, 1845).

Rawls, John. Lectures on the History of Moral Philosophy (Camridge, Harvard University Press-Kindle ed., 2000).

Rojas Donat, Luis. Para una Historia del Derecho Canónico-Político Medieval: la Donación de Constantino in REHJ (2004), 337-358.

Rappard van, Willem Louis Frederik Christiaan. Dissertatio Juridica Inauguralis De auctoritate et usu disceptationum et orationum (Lugundi Batavarum, Herdigh et filium, 1820).

Rusell, Bertrand. El Conocimiento Humano, trad. Néstor Mínguez (Barcelona, Planeta, 1992).

Salas, Juan. Ilustración del Derecho Real de España, t.1 (Valencia, José de Orca, 1803).

Savigny, Carl Frederich. Traité de Droit Romain, v.I (Paris, Firmin Didot Fréres, 1855).

Saenger, Fernando. Inaplicabilidad por Inconstitucionalidad: Jurisprudencia 1980-2003 iin Estudios Constitucionales 1 (2003).

Sacco, Sabina. La Constitución de 1980 como Fundamento y Origen de una Teoría Constitucional de la Irrectroactividad in RChD 33-3 (2006).

Scotus, Ioannis Duns. De primo principio in Tractatus Sextus (Lugduni, Lucas VVadingum, 1639).

Strauss, Leo. The Law of Reason in the Kuzari in Persecution and the Art of Writing (Chicago, University Press of Chicago, Kindle, 1952).

von Cocceji, Heinrich. Honis Grotii De jure belli ac pacis libri tres: cum annotatis auctoris (1752), v. IV.

Weber, Max. El Político y el Científico (Madrid, Alianza, 2009).

Westbrook, Raymond. The Character of Ancient Near Eastern Law in Westbrook, Raymond (Ed.) A History of Ancient Near Eastern Law (Leiden, Brill, 2003).

Westbrook, Raymond. Ex oriente lex. Near Eastern Influences on Ancient Greek and Roman Law (Baltimore, John Hopkins University Press, Kindle, 2015).

Winkel, Laurens. Rechtsirritum als Problem der Rechtsordung (Terra, Zutphen, 1985).